IAAL
大学図書館業務
実務能力認定試験
過去問題集

総合目録－雑誌編

小西 和信 監修
IAAL認定試験問題集編集委員会 編

樹村房

まえがき

　このたび『IAAL大学図書館業務実務能力認定試験 過去問題集』をお届けします。「総合目録－図書編」「総合目録－雑誌編」「情報サービス－文献提供編」の３分冊の刊行となります。これまでIAALでは，「模擬問題」に詳細な解説を施した「2012年版」「2014年版」「2016年版」の３冊の問題集を刊行してきました。それぞれ好評をもってご活用いただいたものの，受験生の皆様からはさらに，過去問自体の公開を望む声が強く寄せられていました。しかし，2009年から始まった認定試験は，最も多い試験区分でも年１回程度の実施ですので，公開するだけの蓄積量が整わず，その要望に応えることができないまま今日に至っておりました。今回，今後の試験運営への影響を与えない範囲で，限られた回数分ではありますが，過去問題の公開に踏み切りました。また，受験者の便宜を考慮し試験区分毎の分冊化を図りました。

　この過去問題集では，これまで実施した試験問題紙の実物をそのまま再現するよう努めています。そのため，当時は適切であった問題でも今日では意義を失ったものや，解答自体が逆になるケースも生じています。それらはごく少数例ですが，ご使用にあたってあらかじめご了解いただければと存じます。

　「実務能力認定試験」の設計思想と概要については，本書第１章に筑波大学の大庭一郎氏による詳細な解説が用意されています。さて，大学図書館で働く職員（公立図書館職員も同様ですが）にとって，この認定試験はどう位置づけられるのでしょう？　それは，プロの職員として求められる「実務能力」を測り，一層の「自己研鑽と継続学習」に励むためのツールの一つであるということです。試験の性格上，実施するIAALが「認定」する形式を採っていますが，IAALはあくまで「自己認定」のための材料を提供しているに過ぎないと考えています。

　先日何度目かの再放送で，『下町ロケット』（池井戸潤原作）を視たのですが，主人公の町工場の社長が，「穴を開ける，削る，研磨する——技術がいくら進歩しても，それがモノ作りの基本だと思う」とロケット部品を供給することになる大企業の部長に熱弁をふるう場面（TVドラマでは法廷での証言だったと思います）がありました。私はこれを図書館にあてはめたらどうなるだろうと夢想しました。すこし危なっかしいのですが，「目録を作る，分類する，検索する——時代がどれだけ変わってもこれが図書館で働くことの基本である」ということになります。「目録」は書誌データの解析能力です。「分類」は主題分析力です。「検索」はレファレンス能力です。このアナロジーで言うと，IAALの認定試験では，「分類」以外の二分野に対応できていると思います。それぞれの試験をクリアするということは，図書館の「実務能力」に関して，プロの実力を持つと「認定」されるということです。

この「過去問題集」と向き合うことで，認定試験突破のための力が涵養されるものと信じております。個々の問題が，どういう意図で作られているかを知りたい方は，以前出た版を併せてご使用ください。

この問題集を，大学図書館，公立図書館職員の皆様，司書課程に学ぶ学生諸君，図書館職員の業務内容や専門性に関心を持つ皆様にお届けしたいと思います。本書が，図書館職員の実務能力向上に少しでもお役に立てるよう望んでいます。最後に，作問に当たられた方々のご努力に敬意を表し，出版物としての精度を高めてくださった樹村房の皆様に感謝申し上げます。

2018年3月1日

監修者　小西和信
(武蔵野大学教授・NPO法人大学図書館支援機構理事長)

IAAL 大学図書館業務実務能力認定試験 過去問題集
総合目録－雑誌編

まえがき　3

第1章　IAAL大学図書館業務実務能力認定試験の設計思想と概要 ── 7

はじめに ……………………………………………………………………… 8
1．IAAL認定試験の実施の背景 ……………………………………………… 8
　1.1　大学図書館業務と担当職員の変化 ………………………………… 8
　1.2　日本の図書館界における専門職員資格試験の動向 ……………… 9
2．IAAL認定試験の設計思想 ……………………………………………… 10
　2.1　IAAL認定試験の検討開始 ………………………………………… 10
　2.2　IAAL認定試験の作成 ……………………………………………… 10
　2.3　IAAL認定試験の運営・実施 ……………………………………… 14
3．IAAL認定試験過去問題集の活用方法 ………………………………… 16
おわりに …………………………………………………………………… 17
資料①　IAAL認定試験の試験科目一覧 ………………………………… 22
資料②　IAAL認定試験の出題枠組み …………………………………… 23
資料③　出典・参考教材一覧：「総合目録」・「情報サービス－文献提供」（領域Ⅴ） …… 28
資料④　IAAL認定試験の実施状況 ……………………………………… 30

第2章　「総合目録－雑誌初級」過去問題 ──────────── 33

第1回　試験問題 …………………………………………………………… 35
第2回　試験問題 …………………………………………………………… 59
第3回　試験問題 …………………………………………………………… 83
第4回　試験問題 …………………………………………………………… 109
第5回　試験問題 …………………………………………………………… 137

第3章　「総合目録－雑誌中級」過去問題 ──────────── 165

第1回　試験問題 …………………………………………………………… 167

あとがき　211

第1章

IAAL大学図書館業務実務能力認定試験の設計思想と概要

IAAL大学図書館業務実務能力認定試験の設計思想と概要

大　庭　一　郎（筑波大学図書館情報メディア系）

はじめに

　特定非営利活動法人（NPO法人）大学図書館支援機構（Institute for Assistance of Academic Libraries：略称IAAL（アイアール））は，2007年6月26日，東京都の認証を受けて設立されました[1]。IAALの目的は，「大学図書館及びその利用者に対して，研修及び業務支援に関する事業を行い，大学図書館の継続的発展を通して学術研究教育に寄与すること」です。IAALは，特定非営利活動の事業として，(1)情報リテラシー教育支援事業，(2)大学図書館職員研修事業，(3)大学図書館業務支援事業，(4)大学図書館運営に係る助言または援助の事業，を行ってきました。(2)の大学図書館職員研修事業では，「①講習会の開催」と「②資格の認定，基準の策定及び公表」の実施が規定されています[2)3)]。

　IAALは，事業活動の一環として，IAAL大学図書館業務実務能力認定試験（以下，IAAL認定試験と略す）の企画検討を行い，2009年5月17日（日）に，IAAL認定試験「総合目録－図書初級」第1回を実施しました。筆者は，IAAL認定試験の準備段階から実施までの検討に参加し，問題作成の基本方針の策定等に携わる機会を得ました。そこで，第1章では，IAAL認定試験の実施の背景，IAAL認定試験の設計思想，IAAL認定試験過去問題集の活用方法，について記します。

1．IAAL認定試験の実施の背景

1.1　大学図書館業務と担当職員の変化

　1989（平成元）年度以降，日本の大学図書館は，サービス提供の量的拡張が進行する中で，経営管理に必要な資源の縮小も進みました。そのような状況の中で，大学図書館の専任職員が削減され，それを埋め合わせる形で非専任職員が増加してきました[4]。2017年5月1日現在で実施された日本図書館協会の調査によれば，日本の4年制大学の大学図書館は1,424館（本館772，分館・分室652）あり，その中の調査回答館1,378館には，専従職員4,311人，兼務職員1,304人，非常勤職員2,749人，臨時職員1,434人，派遣職員等3,913人の計13,711人が働いています[5]。専従職員と兼務職員の合計を専任職員ととらえるならば，専任職員5,615人（41.0%），非専任職員8,096人（59.0%）になります。

　2007年に，佐藤翔と逸村裕（筑波大学）は，日本の4年制大学図書館における外部委託に関する調査を実施しました（対象館704，有効回答358（50.9%），国公私の内訳は国立70（80.5%），公立44（58.7%），私立243（44.9%），放送大学1（100%））。この調査によって，大学図書館の41種類の委託業務内容は，専門性の低い整理・閲覧関連業務（カウンター（42.1%），装備（36.7%），コピー・カタロギング（34.7%））から，専門性の高い整理関連業務（分類作業（27.4%），オリジナル・カタロギング（26.9%）），専門性の高い閲覧業務（DB検索操

作の援助（24.1％），目録使用・図書選択等の援助（23.8％），レファレンス・サービス（19.5％））まで，広範囲にわたることが示されました（数値は委託率）[6]。

　大学図書館業務の遂行には，担当職員が個々の業務に必要な暗黙知（主観的で言語化・形態化困難な知識）と形式知（言語または形態に結晶された客観的な知識）を，十分に備えている必要があります[7]。かつての大学図書館は，専任職員が多く，各係（各業務）に一定数の職員が配属されていたため，先輩職員から後輩・新人職員に対して，業務上の暗黙知と形式知を伝達できる環境がある程度整っていました。しかし，近年の大学図書館業務は，職員削減で各業務の担当職員が減少する中で，専任職員だけでなく，多様な雇用形態の職員によって支えられています。雇用形態の異なる職員の間では，業務上の暗黙知と形式知の伝達が困難になるだけでなく，職員研修の機会にも大きな差が生じます。専任職員を中心に運営されている大学図書館の場合でも，各係（各業務）の定員減によって，担当業務に必要な暗黙知と形式知が伝達・継承されにくくなっています。現代の大学図書館では，図書館業務の担当職員が，日々の業務に必要な実務能力を維持・発展させたり，各自の業務に必要な研修等に参加して実務能力を継続的に高めていくことが，従来よりも困難になってきています。このような状況を受けて，2008年4月，IAALは，IAAL認定試験の実現に向けた企画検討を開始しました。

1.2　日本の図書館界における専門職員資格試験の動向

　日本の図書館界では，1980年代以降，専門司書資格認定試験の提案や館種別専門職員資格試験の検討が行われてきました[8][9]。さらに，2006年3月発表の『情報専門職の養成に向けた図書館情報学教育体制の再構築に関する総合的研究』（通称，LIPER報告）[10]を踏まえて，2007年度から，日本図書館情報学会は「図書館情報学検定試験」の準備試験を実施しています[11]。このような状況の中で，1999年3月に，薬袋秀樹（図書館情報大学）が『図書館雑誌』に発表した「司書の専門的知識の自己評価試験」の提案は，司書の専門的知識の向上に役立つ実現可能な方法として，注目すべき内容を含んでいました。この試験の内容と効果（3点）は，以下のとおりです[12]。

- ・公立図書館の司書に必要な専門的知識について，五肢択一形式の試験問題を数百題以上作成し，回答とともに問題集にまとめて，冊子形態で刊行する。正答率の目標や基準を示しておく。
- ・公立図書館の司書は，それを購入し，自分で問題を解き，回答と照らし合わせて採点する。
- ①司書は自分の専門的知識がどのようなレベルにあるか，どの分野が弱いかを自己評価することができる。
- ②自己評価によって，司書の自己学習の動機が高まる。
- ③問題の作成を通じて，司書に必要不可欠な専門的知識の内容が明確になる。

　薬袋の提案は，公立図書館司書の専門的知識の向上を目指した提案でしたが，IAALが，大学図書館業務における実務能力認定試験のあり方を検討する際に，示唆に富む内容を含んでいました。

2．IAAL認定試験の設計思想

2.1　IAAL認定試験の検討開始

　2008年4月，IAALは，IAAL認定試験の実現に向けた企画検討を開始しました。

　IAAL認定試験は，大学図書館で働く専任職員と非専任職員に，大学図書館業務の実務能力に関する自己研鑽と継続学習の目標・機会を提供することを目的として，企画されました。現代の大学図書館業務には，多様な業務が含まれており，個々の業務の担当職員に必要な専門的知識と経験は異なっています。大学図書館業務の実務能力を試験で問う場合には，多くの大学図書館で標準的に実施されている業務を対象として，試験問題を作成する必要があります。そこで，IAAL認定試験では，日本の大学図書館で標準的に活用されている書誌ユーティリティを対象とした試験問題の開発に，最初に着手しました。

　国立情報学研究所（National Institute of Informatics：略称NII）の目録所在情報サービス（NACSIS-CAT/ILL）は，日本の大学図書館を結ぶ書誌ユーティリティです。NACSIS-CAT/ILLでは，参加館が所蔵資料の書誌情報と所在情報をオンラインでデータベース化し，その所在情報データベースを利用して，各館の未所蔵資料を相互に提供する図書館間相互協力が行われています。NACSIS-CAT/ILLは，大学図書館の業務システムをサポートし，日本の学術情報流通基盤を支えるサービスシステムとして成長してきました。しかし，近年，NACSIS-CAT/ILLの問題点として，①データベースの品質を共同維持するという意識の薄れ，②担当者の削減とスキルの低下，③業務の低コストでの外注化による図書目録データの品質低下（例：重複書誌レコードの頻発），④雑誌所蔵データ未更新による雑誌目録データの品質低下，等が指摘されるようになりました[13]。NACSIS-CAT/ILLを取り巻く問題状況を改善するひとつの手立てとして，IAAL認定試験を通じて，NACSIS-CAT/ILLに携わる専任職員と非専任職員の自己研鑽と継続学習の目標・機会を提供することは，大学図書館業務の基盤を支える上で有効であると考えられました。そこで，IAALは，2008年4月から2009年4月にかけて，IAAL認定試験「総合目録－図書初級」の実施の方向性を検討し，試験問題の開発に取り組みました。

2.2　IAAL認定試験の作成

（1）IAAL認定試験の試験方法の選定

　IAAL認定試験は，大学図書館で働く専任職員と非専任職員に，大学図書館業務の実務能力に関する自己研鑽と継続学習の目標・機会を提供することを目的としています。

　試験問題を作成する場合，試験の目的（目標）に応じて，多様な出題形式が選択できます。一般的な試験方式として，筆記試験，面接試験，実技試験，適性試験，等があります。そして，筆記試験には，選択式試験（補完式（文章の空欄記入），正誤式，組合せ式，多肢選択式（択一式，複数選択式））のほかに，論文式試験，その他の記述式試験，があります。例えば，人事院が，1985（昭和60）年から2003（平成15）年にかけて実施した国家公務員採用Ⅱ種試

験「図書館学」では，第１次試験で教養試験(多肢選択式)，専門試験(多肢選択式)，専門試験(記述式)を課し，第２次試験で人物試験を行いました[14]。国Ⅱ(図書館学)は，「図書館学」領域の多数の志願者の中から一定の人数(採用予定者数)を選抜するために，競争試験として実施されていました。しかし，IAAL認定試験は，職員採用で用いられる競争試験とは異なり，IAAL認定試験受験者が，個々の大学図書館業務に必要な実務能力について一定レベルに到達しているかどうか，を的確に判定できることが，重要なポイントになります。そこで，IAALは，各種の試験方式を検討した上で，IAAL認定試験「総合目録－図書初級」「総合目録－雑誌初級」「情報サービス－文献提供」では，自動車の普通免許の学科試験の方式を採用することにしました。

　道路交通法の第97条(運転免許試験の方法)は，免許の種類ごとに，自動車等の運転に必要な適性，技能，知識に関する運転免許試験を行うと規定しています[15]。そして，道路交通法施行規則の第25条(学科試験)では，「自動車等の運転に必要な知識についての免許試験(以下「学科試験」という。)は，択一式又は正誤式の筆記試験により行うものとし，その合格基準は，90パーセント以上の成績であることとする」[16]と規定しました。学科試験は，道路交通法の第108条の28(交通安全教育指針及び交通の方法に関する教則の作成)を踏まえて，国家公安委員会が作成した『交通の方法に関する教則』(略称，交通の教則)の内容から出題されています[17]。例えば，1990年の学科試験(第一種運転免許の普通免許)では，正誤式の筆記試験が，出題問題数100問，試験時間50分，合格基準90パーセント以上(正解90問以上)で実施されていました。この学科試験では，「教習１　運転者の心得」から「教習29　悪条件下の運転など・運転者の社会的責任と安全運転」までの29教習が設定され，教習ごとに何問程度出題されるか基準が示されていました[18]。現在の学科試験(第一種運転免許の普通免許)は，正誤式の筆記試験が，文章問題90問(各１点)とイラスト問題５問(各２点)，試験時間50分，合格基準90パーセント以上(90点以上)で実施されています[19]。長信一(自動車運転免許研究所)は，現行の学科試験の出題傾向を分析し，９領域の出題率(自動車の運転の方法35%，歩行者と運転者に共通の心得12%，自動車を運転する前の心得11%，等)を示しています[20]。このように，運転免許試験の学科試験では，試験問題の出題枠組みが明確に定められ，出題枠組みの各領域から試験問題が満遍なく出題されるように設計されています。

　正誤式の筆記試験は，普通免許の学科試験のように，短文の問題文を提示してそれが全体として正しいか(正)，誤りを含んでいるか(誤)を問うものです。正誤式の筆記試験の長所は，事実や知識についての記憶力や判断力を広範囲にわたって把握するのに適していることです。必要に応じて，マークシート方式の解答用紙を設計することもできます。一方，この試験方式の短所は，回答が正誤(○×)の２分法になるため，他の試験方式と比較した場合，推測・推量による正答の確率が高いことが挙げられます。正誤式の筆記試験には，長所・短所がありますが，普通免許の学科試験では，多数の問題(100題)を出題し，それらに短時間(50分)で回答させ，合格基準を高く設定(90%以上)しています。これによって，短時間に(１問当たり30秒で)，各問に対する瞬時の正確な判断を求め，推測・推量による回答を極力減らす工夫がなされています。

　IAAL認定試験「総合目録－図書初級」および「総合目録－雑誌初級」は，国立情報学研究

所(NII)の目録所在情報サービス(NACSIS-CAT/ILL)を活用した図書館業務を行う際に，一定の実務能力に達しているかどうかを判定しようとしています。正誤式の出題方式には，長所・短所がありますが，NACSIS-CAT/ILLを図書館業務で用いる際に必要な事実や知識についての記憶力・判断力を広範囲に問い，NACSIS-CAT/ILLを安定して活用・運用できるかどうか判定するには，最適であると考えました。そこで，IAAL認定試験「総合目録－図書初級」「総合目録－雑誌初級」「情報サービス－文献提供」では，正誤式の筆記試験(マークシート方式)を採用し，出題問題数100問，試験時間50分，合格基準80パーセント以上(正解80問以上)で実施することにしました。一方，IAAL認定試験「総合目録－図書中級」「総合目録－雑誌中級」の場合は，多様な出題ができるように多肢選択式の筆記試験(マークシート方式)を採用し，出題問題数150問，試験時間90分，合格基準80パーセント以上(正解120問以上)で実施することにしました。

　IAAL認定試験における大学図書館業務の実務能力の判定方法については，各試験の合格点を設定し合否判定をするのか(合格点設定方式)，あるいは，TOEICやTOEFLのように点数(スコア)を提示するのか(点数提示方式)について，さまざまな議論がありました。最終的には，IAAL認定試験の受験者の自己研鑽と継続学習の目標を明確にするために，個々の図書館業務を4年以上経験した者が合格できる点数(80点・中級120点)を定め，合格基準80パーセント以上(正解80問以上・中級120問以上)で，合否判定をすることになりました。

　IAAL認定試験の計画段階では，日本各地の大学図書館職員がIAAL認定試験を受験しやすいように，筆記試験をWebテストで実施することを検討しました。しかし，Webテストに必要な機器類の導入経費が高額であり，Webテスト実施時の厳密な本人確認に不安な点があることから，Webテストの実施を断念し，試験会場で筆記試験を行うことになりました。IAAL認定試験の試験科目一覧は，【資料①】として章末に掲載してあります。

(2) IAAL認定試験の評価ポイント(評価指針)と出題領域

　IAAL認定試験を作成する第一段階として，各試験の評価ポイント(評価指針)と出題領域を設定しました。5種類の試験の評価ポイント(評価指針)と出題領域は，表1のとおりです[21)22)23)]。

　次に，評価ポイント(評価指針)と出題領域を踏まえて，IAAL認定試験の出題枠組みを作成しました。一般に，各種の認定試験や検定試験が社会や関連領域(業界)で一定の評価を得るには，①各回の問題作成方針(指針)が一貫性を保ち，②各回の問題のレベルと質が同一水準を維持し，③一度開始された試験が厳正かつ永続的に実施されること，が重要です。そして，①②を担保するには，試験の出題枠組みの設計が重要であり，試験の成否を決めることになります。そこで，IAALは，運転免許試験の学科試験を踏まえて，個々の大学図書館業務に対応した厳密な出題枠組みを作成しました。IAAL認定試験の出題枠組みは，【資料②】として章末に掲載しました。【資料②】の出題枠組みをご覧いただくことによって，IAAL認定試験の各領域内に，どのような範囲とテーマが設定され，出題されるのか(重視されているのか)把握できます。IAAL認定試験の学習ポイントを把握し，問題・解説を読む際に，【資料②】の出題枠組みを活用してください。

表1　IAAL認定試験の評価ポイント（評価指針）と出題領域

科目	評価ポイント（評価指針）	出題領域
総合目録－図書初級	総合目録の概要，各レコードの特徴，検索の仕組みについて理解し，和洋図書の的確な検索と，結果の書誌同定の判断ができるかどうかを判定する。また目録規則の基礎的な知識を確認する。	Ⅰ．総合目録の概要 Ⅱ．各レコードの特徴 Ⅲ．検索の仕組み Ⅳ．書誌同定 Ⅴ．総合
総合目録－雑誌初級	総合目録の概要，各レコードの特徴，検索の仕組みについて理解し，和洋雑誌の的確な検索と，結果の書誌同定の判断，正確な所蔵登録ができるかどうかを判定する。また目録規則の基礎的な知識を確認する。	Ⅰ．総合目録の概要 Ⅱ．各レコードの特徴 Ⅲ．検索の仕組みと書誌の同定 Ⅳ．所蔵レコードの記入方法 Ⅴ．総合
総合目録－図書中級	書誌作成の手順を理解し，目録規則，コーディングマニュアルの考え方に基づき，情報源から和洋図書の目録作成ができるかを評価する。	Ⅰ．目録の基礎 Ⅱ．書誌作成・和図書 Ⅲ．総合・和図書 Ⅳ．書誌作成・洋図書 Ⅴ．総合・洋図書
総合目録－雑誌中級	書誌作成の手順を理解し，目録規則，コーディングマニュアルの考え方に基づき，情報源から和洋雑誌の目録作成ができるかを評価する。	Ⅰ．目録の基礎 Ⅱ．書誌作成・和雑誌 Ⅲ．総合・和雑誌 Ⅳ．書誌作成・洋雑誌 Ⅴ．総合・洋雑誌
情報サービス－文献提供	文献提供にかかわる著作権などの制度についての知識，書誌事項の読み取り，文献探索の方法，所蔵調査，それにNACSIS-ILLの利用についての能力を総合的に評価する。	Ⅰ．文献提供総論 Ⅱ．書誌事項の解釈 Ⅲ．文献探索 Ⅳ．所蔵調査 Ⅴ．ILLシステム

14 | 第1章　IAAL大学図書館業務実務能力認定試験の設計思想と概要

（3）IAAL認定試験の出題範囲（出典）

　IAAL認定試験「総合目録－図書」「総合目録－雑誌」では，試験問題作成の出題範囲（出典）として，以下の資料が設定されています。

- ・『目録情報の基準』[24]
- ・『目録システム利用マニュアル』[25]
- ・『目録システムコーディングマニュアル』[26]
- ・『目録システム講習会テキスト　図書編』[27]
- ・『目録システム講習会テキスト　雑誌編』[28]

　さらに，IAAL認定試験「総合目録－図書中級」と「総合目録－雑誌中級」では，『日本目録規則』[29]と『英米目録規則』[30]も参照する必要があります。

　一方，IAAL認定試験「情報サービス－文献提供」は，情報サービス業務における文献提供に焦点をあてて，IAALが独自に出題範囲を設計しました。そのため，IAAL認定試験「総合目録－図書」「総合目録－雑誌」とは異なり，「情報サービス－文献提供」の試験問題作成の出題範囲（出典）を網羅的に示すことは困難です。そこで，【資料②】の「情報サービス－文献提供」の出題枠組みでは，出題対象を記しました。ILLシステムについては，以下の資料があります。

- ・『ILLシステム操作マニュアル』[31]
- ・『ILLシステム操作マニュアル：ISO ILLプロトコル対応』[32]
- ・『NACSIS-ILLシステム講習会テキスト』[33]

　IAAL認定試験は，これらの出題範囲（出典）を踏まえて，NACSIS-CAT/ILLの業務に従事したことがある図書館職員が，試験問題の作成を行っています。IAAL認定試験の出典・参考教材一覧は，【資料③】として章末に掲載してあります。

　IAAL認定試験過去問題集は，3分冊（総合目録－図書編，総合目録－雑誌編，情報サービス－文献提供編）で刊行されます。IAAL認定試験「総合目録－図書」「総合目録－雑誌」の設問中で問う書誌レコードは，NACSIS-CATの入力基準に合致した，正しい記述がなされている書誌を想定しています。問題を解く際は，書誌レコードは正しい記述がなされているという前提で解答してください。設問中に提示した書誌レコードは，『目録システムコーディングマニュアル』に準拠しています。

　なお，本書に収録したURL，出題対象の各種情報源・システムは，2018年3月現在のデータに基づいています。

2.3　IAAL認定試験の運営・実施

（1）IAAL認定試験の運営マニュアルの作成

　各種の認定試験や検定試験が成功するには，良い試験問題を継続的に作成できる体制を整備するだけでなく，各試験が厳正かつ適切に実施される体制を整えることが，非常に重要です。特に，新しい認定試験や検定試験が，社会や関連領域（業界）で受容されるには，個々の試験が，厳密に実施されていることが担保されていなければなりません。認定試験や検

定試験の成否は，良問の継続的な作成と試験実施マニュアルの整備が，車の両輪として機能することにかかっています。

そこで，IAALは，IAAL認定試験を開始する際に，詳細なIAAL認定試験運営マニュアルを整備しました。各試験会場は，IAAL認定試験運営マニュアルに基づいて，試験会場の準備，受験者の受付，試験実施，試験会場の片付け，試験の事後処理，等を行っています。特に，受験者の本人確認は，受験申込み写真と本人確認書類（免許証，パスポート，等）を照合して，厳正な試験が担保できるように留意しています。IAAL認定試験運営マニュアルによって，各試験会場は，全国一斉に同一条件で，厳正な試験を実施しています。

（２）IAAL認定試験の実施

IAALは，2009年5月17日（日）に，IAAL認定試験「総合目録－図書初級」第1回を実施しました。IAAL認定試験「総合目録－図書初級」第1回は，東京と名古屋の2会場で行い，受験者総数は216名（東京180名，名古屋36名）でした。この試験の平均点は79.9点，合格基準80パーセント以上（正解80問以上）を充たした合格者は112名（52%）でした。IAAL認定試験では，試験改善のために，アンケートで受験者の目録業務経験年数等を質問しています。「総合目録－図書初級」第1回では，NACSIS-CATの経験年数が4年以上の受験者（99名）の中で，78人（79%）が合格しています[34]。

IAAL認定試験は，職員採用で実施される競争試験のように，受験者を選抜し落とすための試験ではありません。しかし，IAAL認定試験受験者が，個々の大学図書館業務に必要な実務能力について一定レベルに到達しているかどうかを判定するため，一定レベルに達していない場合は不合格になります。IAAL認定試験の開始直後は，IAAL認定試験問題集が刊行されていなかったため，試験勉強に取り組みにくい状況がありました。そこで，2012年4月に『IAAL大学図書館業務実務能力認定試験問題集　2012年版』[35]が初めて刊行され，2013年10月に2014年版，2015年9月には2016年版[36]が刊行されました。今後，過去問題集を踏まえた試験勉強が可能になりますので，IAAL認定試験の合格者は増加すると思われます。私見にすぎませんが，過去問公開によって合格者が急増する場合は，IAAL認定試験の質を維持するために，運転免許試験の学科試験（第一種運転免許の普通免許）と同様に，合格基準90パーセント以上（正解90問以上）にする必要があるかも知れません。

IAAL認定試験の実施結果は，各受験者に，試験の合否に関わらず各領域の得点を通知しています。そして，合格者には，運転免許証のような写真入りカード形態の合格証を発行しています[37]。

2009年5月以降，IAALは，年2回（春季（5月か6月上旬）と秋季（11月）），IAAL認定試験を実施してきました。2010年5月16日（日）には「総合目録－雑誌初級」第1回を行い，2010年11月7日（日）には「総合目録－図書中級」第1回を実施しました。2012年11月4日（日）には「情報サービス－文献提供」第1回を行い，2014年4月27日（日）には「総合目録－雑誌中級」第1回を実施しました。さらに，IAAL認定試験が5種類整備されたことを受けて，2015年春季から，同日に2科目受験できる運営体制が整えられました。IAAL認定試験の実施状況は，『IAALニュースレター』を通じて，随時，広報してきました[38][39]。IAAL認定試験の実施状況は，【資料④】として章末に掲載しましたので，どうぞご覧ください。

（3）IAAL試験マイスターの誕生

IAAL認定試験で設定した3領域（「総合目録－図書」「総合目録－雑誌」「情報サービス－文献提供」）の知識・実務能力は，図書館サービス（間接サービスと直接サービス）の基盤であり，3領域の知識・実務能力を兼ね備えた人材が求められています。

2015年7月，IAALは，「IAAL大学図書館業務実務能力認定試験マイスター」（略称，IAAL試験マイスター）を新設しました。IAAL試験マイスターのねらいは，IAAL認定試験の受験・合格を通じて，5種類の試験の知識・実務能力の自己研鑽と継続学習に努めた者を認定し，大学図書館業務に携わる者の自己研鑽の努力を奨励するとともに，大学図書館業務に携わる者のキャリア形成に資することです。

IAAL試験マイスターには，ブロンズ，シルバー，ゴールドの3段階（ランク）が設けられています。IAAL試験マイスターでは，IAAL認定試験に，3種類合格した者は（ブロンズ），4種類合格した者は（シルバー），5種類合格した者は（ゴールド）を，それぞれ認定申請できます。IAAL試験マイスターの詳細は，IAALのWebページをご覧ください[40]。

3. IAAL認定試験過去問題集の活用方法

IAAL認定試験は，大学図書館で働く専任職員と非専任職員に，大学図書館業務の実務能力に関する自己研鑽と継続学習の目標・機会を提供することを目的としています。本節では，IAAL認定試験過去問題集の活用法について，説明します。

① NACSIS-CAT/ILLを用いた
総合目録業務・図書館相互利用業務の自己研鑽の教材

NACSIS-CAT/ILLを用いた総合目録業務・図書館相互利用業務を担当する図書館職員は，総合目録や図書館相互利用に関する実務能力の向上を目指して，自己研鑽の教材として，この問題集を活用することができます。その際，【資料②】に掲載したIAAL認定試験の出題枠組みは，総合目録や図書館相互利用に関する重要項目を列挙したものとして，各自の知識の整理に役立ちます。

なお，IAAL認定試験「情報サービス－文献提供」は，大学図書館職員だけでなく，高度なレファレンスサービスに携わる専門図書館職員，公共図書館職員の自己研鑽にも役立ちます。

② NACSIS-CAT/ILLを用いた総合目録業務・図書館相互利用業務の研修教材

IAAL認定試験「総合目録－図書初級」「総合目録－雑誌初級」「情報サービス－文献提供」の試験問題（各100題）と「総合目録－図書中級」「総合目録－雑誌中級」の試験問題（各150題）は，NACSIS-CAT/ILLの実務に即した内容で構成されています。NACSIS-CAT/ILLの担当図書館職員向けの研修等を開催する際に，研修教材として活用すると同時に，研修後の実務能力の測定手段としても活用することができます。さらに，必要に応じて，

NACSIS-CAT/ILLを用いた総合目録業務，図書館相互利用業務，レファレンスサービス，等の担当者に，実際のIAAL認定試験の受験を薦めていただくことによって，担当職員の実務能力を測定することも可能になります。

③ IAAL認定試験の受験対策の教材

　IAAL認定試験「総合目録－図書初級」「総合目録－雑誌初級」「総合目録－図書中級」「総合目録－雑誌中級」「情報サービス－文献提供」の受験対策として，実際に出題された問題を解くことによって，出題形式，問題の傾向，時間配分，等を把握することができます。

④ IAAL認定試験の受験後の復習教材

　IAAL認定試験「総合目録－図書初級」「総合目録－雑誌初級」「総合目録－図書中級」「総合目録－雑誌中級」「情報サービス－文献提供」の受験者が，受験後の復習教材としてこの問題集を用いることによって，試験問題の解答を確認したり，出題された問題の理解を深めることができます。

⑤ 大学図書館職員を目指す学生・社会人の教材

　図書館情報学の履修学生や司書資格を取得中の学生・社会人の中で，大学図書館で働くことを強く希望される方は，この問題集を活用することによって，NACSIS-CAT/ILLを用いた総合目録業務，図書館相互利用業務，レファレンスサービス，等に必要な基礎知識を把握することができます[41]。

　このように，IAAL認定試験過去問題集は，多面的に活用することができます。

　IAAL認定試験「総合目録－図書初級」「総合目録－雑誌初級」では，目録や分類の詳細は出題していません。しかし，総合目録業務の担当者には，目録法や分類法の基本知識が不可欠です。目録法や分類法の詳細は，図書館法の「図書館に関する科目」の「情報資源組織論」と「情報資源組織演習」の教科書等を参照することによって，学習を深めることができます[42]。一方，IAAL認定試験「情報サービス－文献提供」では，基本的なレファレンス資料に関する知識が出題されます。レファレンス資料については，図書館法の「図書館に関する科目」の「情報サービス論」と「情報サービス演習」の教科書を参照してください[43)44]。

おわりに

　これまで，IAAL認定試験の実施の背景，IAAL認定試験の設計思想，IAAL認定試験過去問題集の活用方法について，説明してきました。IAAL認定試験の受験案内は，IAALのWebページ，『IAALニュースレター』，『図書館雑誌』（日本図書館協会）や『情報の科学と技術』（情報科学技術協会）の広告，等を通じて，随時，広報されていますので，これらの情報をご覧ください。

　1980年1月に，学術審議会の答申「今後における学術情報システムの在り方について」が

示され，この答申に基づいて，その後の文部省（現，文部科学省）の学術情報政策が推進されました。そして，1986年4月に学術情報センター（National Center for Science Information Systems：略称NACSIS）が設立され，2000年4月にはNACSISを廃止・転換して，国立情報学研究所（NII）が設置されました[45]。

今日のNIIの目録所在情報サービス（NACSIS-CAT/ILL）は，長年，NACSIS-CAT/ILLに携わられてきたNACSISとNIIの教職員によって開発・整備され，NACSIS-CAT/ILLの書誌データを作成してきた全国の大学図書館職員，等によって支えられてきました。現在，NACSIS-CAT/ILLの書誌データは，NACSIS Webcat（1997年4月1日提供開始－2013年3月8日終了）とその後継のCiNii Books（2011年11月9日提供開始）等を通じて，世界中から検索できるようになっています。学術情報を探索する際に，幅広い利用者が，書誌ユーティリティとしてのNACSIS-CAT/ILLから恩恵を受ける時代になりました。

歴代のNACSISとNIIの教職員の皆様，NACSIS-CAT/ILLの書誌データを作成する大学図書館職員の皆様方の努力の蓄積があったからこそ，IAALは，IAAL認定試験「総合目録－図書」「総合目録－雑誌」「情報サービス－文献提供」を設計・開発することができました。各種の認定試験が，社会や関連領域（業界）で一定の評価を得るには，個々の試験が10年程度継続的に実施されることが不可欠であると思います。IAAL認定試験が定着し，一定の評価を得ることができれば，大学図書館における専門職員認定制度の評価ポイントのひとつとして，活用される可能性も高まります[46][47]。

2010年に，長谷川昭子（日本大学）と薬袋秀樹（筑波大学）の研究を通じて，検定試験制度の継続実施には，初年度に約650万円，次年度以降は毎年450万円が必要であるとの費用試算がなされました[48]。2009年以降，IAALはIAAL認定試験を年2回（春季・秋季）開催してきましたが，IAAL認定試験の運営経費を確保するために，NPO法人としてさまざまなご苦労があったのではないかと推察します。IAAL認定試験が図書館界のささやかな基盤として継続できるように，大学図書館等で働く図書館職員の皆様，大学図書館職員を目指す学生・社会人の皆様方に，IAAL認定試験に幅広くチャレンジしていただけますと幸いです。

IAAL認定試験が継続的に実施され，社会や関連領域（業界）で評価される認定試験に育つことを，IAAL認定試験の準備段階から実施までの検討に参加した者の一人として，見守って参りたいと思います。

注・引用文献

1) 高野真理子. 特集, 図書館の「応援団」: NPO法人大学図書館支援機構のミッション. 図書館雑誌. 2007.10, vol.101, no.10, p.682-683.

2) "特定非営利活動法人大学図書館支援機構定款." 特定非営利活動法人大学図書館支援機構. http://www.iaal.jp/_files/about/teikan20141209.pdf　参照は, p.[1].

3) IAALの諸活動は, 以下の文献で紹介されている. 牛崎進. 特集, 図書館業務のアウトソーシング: アウトソーシングと大学図書館論. 情報の科学と技術. 2007.7, vol.57, no.7, p.320-324. 牛崎進. 大学図書館の新たな発展をめざして: NPO法人大学図書館支援機構の発足報告(第9回図書館総合展). 薬学図書館. 2008.1, vol.53, no.1, p.40-46. 牛崎進. 特集, 大学図書館: 大学図書館をつなぐ新たな試み: NPO法人「大学図書館支援機構」の活動. Lisn. 2008.9, no.137, p.14-17.

4) 竹内比呂也. "第1章　大学図書館の現状と政策." 変わりゆく大学図書館. 逸村裕, 竹内比呂也編. 勁草書房, 2005.7, p.3-18.　参照は, p.3-8.

5) 日本図書館協会図書館調査事業委員会編. 日本の図書館: 統計と名簿. 2017[年版], 日本図書館協会, 2018.2, 515p.　参照は, p.230-233.

6) 佐藤翔, 逸村裕. 大学図書館における外部委託状況の量的調査. Library and Information Science. 2008.12, no.60, p.1-27.　参照は, p.4-7.

7) 野中郁次郎, 紺野登. 知識経営のすすめ: ナレッジマネジメントとその時代. 筑摩書房, 1999.12, 238p., (ちくま新書, 225).　参照は, p.104-115.

8) 図書館情報大学生涯学習教育研究センター編. すべての図書館に専門職員の資格制度を: 大学, 公共, 専門, 病院図書館と司書養成の現場から. つくば, 図書館情報大学生涯学習教育研究センター, 2002.8, 62p.　参照は, p.6-11.

9) 薬袋秀樹. 特集, 図書館員の専門性向上と研修: 図書館職員の研修と専門職の形成: 課題と展望. 図書館雑誌. 2002.4, vol.96, no.4, p.230-233.

10) 上田修一, 根本彰. 「情報専門職の養成に向けた図書館情報学教育体制の再構築に関する総合的研究」最終報告書. 日本図書館情報学会誌. 2006.6, vol.52, no.2, p.101-128.

11) 図書館情報学検定試験については, 以下の文献で紹介されている. 根本彰. 特集, 図書館情報学教育の行方: 今後の図書館員養成と検定試験構想. 図書館雑誌. 2009.4, vol.103, no.4, p.229-232. 根本彰. 図書館情報学検定試験の実施計画について. 図書館雑誌. 2009.9, vol.103, no.9, p.640-643. 根本彰, 上田修一, 小田光宏, 永田治樹共著. 図書館情報学検定試験問題集. 日本図書館協会, 2010.4, 163p. 根本彰[研究代表者]. 図書館情報学検定試験報告書. 東京大学大学院教育学研究科生涯学習基盤経営コース, 2015.3, 109p. 図書館情報学検定試験のためのテキストとして, 以下の図書が刊行されている. 根本彰編. 図書館情報学基礎. 東京大学出版会, 2013.5, viii,267p., (シリーズ図書館情報学, 第1巻). 根本彰, 岸田和明. 情報資源の組織化と提供. 東京大学出版会, 2013.7, viii,198p., (シリーズ図書館情報学, 第2巻). 根本彰編. 情報資源の社会制度と経営. 東京大学出版会, 2013.6, viii,286p. (シリーズ図書館情報学, 第3巻).

12) 薬袋秀樹. 「司書の専門的知識の自己評価試験」の提案. 図書館雑誌. 1999.3, vol.93, no.3, p.221.

13) 科学技術・学術審議会 学術分科会 研究環境基盤部会 学術情報基盤作業部会. 学術情報基盤の今後の在り方について: 報告. [文部科学省], 2006.3, 100p. この報告書は, 文部科学省のWebページで公開(http://www.mext.go.jp/b_menu/shingi/gijyutu/gijyutu4/toushin/__icsFiles/afieldfile/2013/07/16/1213896_001.pdf).　参照は, p.59.

14) 大庭一郎, 桑原智美. "国立大学の図書館職員の採用試験問題の分析: 国家公務員採用II種試験「図書館学」と国立大学法人等職員採用試験「事務系(図書)」を中心に." 2007年日本図書館情報学会春季研究集会発表要綱. 2007年日本図書館情報学会春季研究集会事務局編. つくば, 日本図書館情報学会, 2007.3, p.15-18.

15) 道路交通法. http://law.e-gov.go.jp/htmldata/S35/S35HO105.html

16) 道路交通法施行規則. http://law.e-gov.go.jp/htmldata/S35/S35F03101000060.html

17) 国家公安委員会. 交通の方法に関する教則(平成29年10月30日現在). http://www.npa.go.jp/koutsuu/kikaku/kyousoku/index.htm

18) 問題の研究: 出題傾向の分析: 仮免・本免・学科教習別. 平尾出版, [1990], 128p.

19) 長信一. これだけ覚える普通免許問題. 成美堂出版, 2010.2, 191p.　参照は, p.10.

20 | 第1章　IAAL大学図書館業務実務能力認定試験の設計思想と概要

20) 長信一. 一発合格！普通免許一問一答問題集. 高橋書店, 2011.7, 159p.　参照は, p.2-3.

21) 高野真理子. 大学図書館業務研修のインストラクショナル・デザイン. 大学図書館研究. 2011.3, no.91, p.15-23. 引用は, p.21.

22) NPO法人大学図書館支援機構(IAAL). 特集, 働きながら学ぶⅢ 専門図書館に役立つ資格・検定：IAAL大学図書館業務実務能力認定試験について. 専門図書館. 2013.5, no.259, p.10-14.

23) NPO法人大学図書館支援機構. IAAL大学図書館業務実務能力認定試験受験案内：総合目録－図書初級(第8回)・総合目録－雑誌中級(第1回). [2014.1], A4判1枚. http://www.iaal.jp/_files/news/140427_juken.pdf

24) 学術情報センター編. 目録情報の基準. 第4版, 学術情報センター, 1999.12, 1冊. http://catdoc.nii.ac.jp/MAN/KIJUN/kijun4.html

25) 国立情報学研究所学術基盤推進部学術コンテンツ課編. 目録システム利用マニュアル. 第6版, 国立情報学研究所学術基盤推進部学術コンテンツ課, 2011.12, 1冊. http://catdoc.nii.ac.jp/MAN/CAT6/mokuji.html

26) 国立情報学研究所学術基盤推進部学術コンテンツ課[編]. 目録システムコーディングマニュアル. 国立情報学研究所学術基盤推進部学術コンテンツ課, 2016.7, 1冊. http://catdoc.nii.ac.jp/MAN2/CM/mokuji.html

27) 国立情報学研究所. 目録システム講習会テキスト　図書編. 平成26年度, 国立情報学研究所, 2014.4, iii,142p. http://www.nii.ac.jp/hrd/ja/product/cat/text/webuip/ttxt2014.pdf

28) 国立情報学研究所. 目録システム講習会テキスト　雑誌編. 平成26年度, 国立情報学研究所, 2014.4, iii,182p. http://www.nii.ac.jp/hrd/ja/product/cat/text/webuip/ztxt2014.pdf

29) 日本図書館協会目録委員会編. 日本目録規則. 1987年版改訂3版, 日本図書館協会, 2006.6, xxii,445p.

30) Anglo-American Cataloguing Rules. 2nd ed.,2002 revision, Chicago, American Library Association, 2002, 1v.

31) 情報・システム研究機構国立情報学研究所学術基盤推進部学術コンテンツ課. ILLシステム操作マニュアル. 第7版, 情報・システム研究機構国立情報学研究所学術基盤推進部学術コンテンツ課, 2012.3, 1冊. http://catdoc.nii.ac.jp/MAN/ILL7/index.html

32) 情報・システム研究機構国立情報学研究所学術基盤推進部学術コンテンツ課編. ILLシステム操作マニュアル：ISO ILLプロトコル対応. 第3版, 情報・システム研究機構国立情報学研究所学術基盤推進部学術コンテンツ課, 2010.12, 1冊. http://catdoc.nii.ac.jp/MAN/ISO3/index.html

33) 国立情報学研究所. NACSIS-ILLシステム講習会テキスト. 国立情報学研究所, [2012.4], iii,101p. http://www.nii.ac.jp/hrd/ja/product/ill/illtxt2012.pdf

34) NPO法人大学図書館支援機構. 「IAAL大学図書館業務実務能力認定試験」について. 図書館雑誌. 2010.2, vol.104, no.2, p.90-93.

35) IAAL認定試験問題集編集委員会編. IAAL大学図書館業務実務能力認定試験問題集. 2012年版, NPO法人大学図書館支援機構, 2012.4, iv,131p.

36) IAAL認定試験問題集編集委員会編. IAAL大学図書館業務実務能力認定試験問題集：専門的図書館員をめざす人へ. 2014年版, 樹村房, 2013.10, 161p. 2014年版の書評は, 以下の文献で紹介されている. 加藤晃一. 資料紹介. 大学の図書館. 2014.5, vol.33, no.5, p.77-79. 慈道佐代子. 書評. 図書館界. 2014.9, vol.66, no.3, p.234-235. 茂出木理子. 書評. 大学図書館研究. 2014.12, no.101, p.125-126. IAAL認定試験問題集編集委員会編. IAAL大学図書館業務実務能力認定試験問題集：専門的図書館員をめざす人へ. 2016年版, 樹村房, 2015.9, 241p.

37) 前掲21)　p.22.

38) "IAALニュースレター." 特定非営利活動法人大学図書館支援機構. https://www.iaal.jp/newsletter/index.shtml IAAL認定試験の概要は, no.3, p.1-6(2009.5), no.4, p.10-11(2009.10), no.5, p.2-7(2010.3), no.6, p.2-5(2010.7), no.7, p.2-5(2010.10), no.8, p.2-7,10-11(2011.3), no.9, p.6-10(2011.10), no.10, p.6-11(2012.4), no.11, p.4-10(2012.10), no.12, p.6-10(2013.4), no.13, p.8-9(2013.10), no.14, p.2-10(2014.4), に記されている.

39) IAAL認定試験は, 以下の文献でも紹介されている. NPO法人大学図書館支援機構. 特集,「資格認定」の取り組み－協会認定司書を位置づけていくために：「IAAL大学図書館業務実務能力認定試験」の実施状況とこれから. 図書館雑誌. 2012.10, vol.106, no.10, p.711-713. 高野真理子. 2012年度第2回研究集会報告テーマ, 図書館情報学の資格認定制度と検定試験：IAAL認定試験が目指すもの. 日本図書館協会図書館学教育部会会報. 2013.3, no.103, p.10-12. 高野真理子. 特集, 大学図書館2014：大学図書館の研修の事業化. 図書館雑誌. 2014.12, vol.108, no.12, p.806-807.

40) NPO法人大学図書館支援機構. IAAL大学図書館業務実務能力認定試験マイスター. 2015.6, A4判2枚. http://

www.iaal.jp/_files/examination/IAALMeister.pdf

41) 4年制大学で図書館情報学を専攻する学部生の中には，IAAL認定試験問題集とNACSIS-CAT/ILLセルフラーニング教材（http://www.nii.ac.jp/hrd/ja/product/cat/slcat.html）を活用して試験勉強に取り組み，在学中に「総合目録－図書初級」に合格する学生も誕生している。学部生の合格体験記は，IAALニュースレターのno.14, p.9（2014.4）に掲載。

42) 優れた教科書等の一例として，次の文献が挙げられる。田窪直規編．情報資源組織論．改訂，樹村房，2016.3, xv,201p., （現代図書館情報学シリーズ，9）．小西和信，田窪直規編．情報資源組織演習．改訂，樹村房，2017.3, xiv,263p., （現代図書館情報学シリーズ，10）．上田修一，蟹瀬智弘．RDA入門：目録規則の新たな展開．日本図書館協会，2014.2, x,205p., (JLA図書館実践シリーズ，23). 宮沢厚雄．分類法キイノート：日本十進分類法［新訂10版］対応．増補第2版，樹村房，2017.2, 104p. 宮沢厚雄．目録法キイノート：日本目録規則［1987年版改訂3版］対応．樹村房，2016.3, 104p. 宮沢厚雄．検索法キイノート：図書館情報検索サービス対応．樹村房，2018.2, 144p. 蟹瀬智弘．NDCへの招待：図書分類の技術と実践．樹村房，2015.5, 293p. 蟹瀬智弘．やさしく詳しいNACSIS-CAT．樹村房，2017.8, xiii,249p.

43) レファレンス資料に関する名著として，次の文献が挙げられる。長澤雅男，石黒祐子共著．レファレンスブックス：選びかた・使いかた．新訂版，日本図書館協会，2015.1, x,242p.

44) 大庭一郎．"8章 各種情報源の特徴と利用法."情報サービス論．山﨑久道編．樹村房，2012.4, p.173-202, （現代図書館情報学シリーズ，5）．この文献では，長澤雅男の提唱した情報・文献探索の枠組みが，文献・情報探索の概念図（p.188-189）にまとめられており，「質問内容の種類」と「利用するレファレンス資料の種類」の類型を示したものとして，幅広く活用することができる。

45) 宮澤彰．図書館ネットワーク：書誌ユーティリティの世界．丸善，2002.3, vi,193p., （情報学シリーズ，5）．参照は，p.45-51.

46) 片山俊治．特集，大学図書館2009：大学図書館における専門職員認定制度の可能性：国立大学図書館協会中国四国地区協会「図書・学術情報系専門員資格認定制度」をモデルとして．図書館雑誌．2009.11, vol.103, no.11, p.750-755.

47) 甲斐重武．2012年度第2回研究集会報告テーマ，図書館情報学の資格認定制度と検定試験：大学図書館における資格認定の試み：国立大学図書館協会中国四国地区協会「図書・学術情報系専門資格認定制度」の評価と改善．日本図書館協会図書館学教育部会会報．2013.3, no.103, p.4-6.

48) 長谷川昭子，薬袋秀樹．専門図書館職員のための認定資格制度．Library and Information Science. 2010.12, no.64, p.109-133. 参照は，p.117-118,133.

（URL最終確認：2018年3月14日）

22 | 第1章　IAAL大学図書館業務実務能力認定試験の設計思想と概要

資料① IAAL認定試験の試験科目一覧

　IAAL認定試験では，「総合目録－図書初級」「総合目録－雑誌初級」「総合目録－図書中級」「総合目録－雑誌中級」「情報サービス－文献提供」の5種類の試験を実施しています。各試験の概要(2018年3月現在)は，以下のとおりです。

総合目録－図書初級 総合目録－雑誌初級	出題形式	正誤式のマークシート試験　100問
	試験時間	50分
	合格基準	正答率80％以上(正解80問以上)
	受験料	4,000円(IAAL会員3,000円，学生2,000円)
	受験資格	資格制限なし
総合目録－図書中級	出題形式	多肢選択式のマークシート試験　150問
	試験時間	90分
	合格基準	正答率80％以上(正解120問以上)
	受験料	5,000円(IAAL会員4,000円，学生2,500円)
	受験資格	「総合目録－図書初級」合格者
総合目録－雑誌中級	出題形式	多肢選択式のマークシート試験　150問
	試験時間	90分
	合格基準	正答率80％以上(正解120問以上)
	受験料	5,000円(IAAL会員4,000円，学生2,500円)
	受験資格	「総合目録－雑誌初級」合格者，もしくは 「総合目録－図書中級」合格者
情報サービス－文献提供	出題形式	正誤式のマークシート試験　100問
	試験時間	50分
	合格基準	正答率80％以上(正解80問以上)
	受験料	5,000円(IAAL会員4,000円，学生2,500円)
	受験資格	資格制限なし

　2015年7月，IAALは，IAAL認定試験の受験・合格を通じて，5種類の試験の知識・実務能力の自己研鑽と継続学習に努めた者を認定し，大学図書館業務に携わる者の自己研鑽の努力を奨励するとともに，大学図書館業務に携わる者のキャリア形成に資することをねらいとして，「IAAL大学図書館業務実務能力認定試験マイスター」(略称，IAAL試験マイスター)を新設しました。IAAL試験マイスターには，以下の3段階(ランク)があり，それぞれ認定申請できます。
　　・IAAL試験マイスター(ブロンズ)　3種類合格した者
　　・IAAL試験マイスター(シルバー)　4種類合格した者
　　・IAAL試験マイスター(ゴールド)　5種類合格した者
　IAAL認定試験の受験案内，および，IAAL試験マイスターの詳細は，IAALのWebページをご覧ください。

資料② IAAL認定試験の出題枠組み

　IAAL認定試験では，各試験科目に5つの「出題領域」を設け，毎回，その枠組みに基づいて問題を構成しています。「総合目録－図書初級」と「総合目録－雑誌初級」は，各領域内に「範囲」と「テーマ」を設定し，100問出題されます。「総合目録－図書中級」と「総合目録－雑誌中級」は，「目録の基礎」以外は和洋で領域が分かれ，150問出題されます。「情報サービス文献提供」の場合は，「出題領域」と「出題区分」を設定し，両者を組合せながら100問の問題を構成しています。

　今回の問題集では，各章の問題は以下の出題枠組みに沿った内容となっています。出題枠組みは，IAAL認定試験の学習ポイント，および，NACSIS-CATに関する学習ポイントとして活用できます。各章の問題・解説を読む際に，これらの出題枠組みを念頭に置いて，本書を利用してください。

【総合目録－図書初級】

範囲	テーマ
領域Ⅰ. 総合目録の概要	
NACSISの概要・目的	共同分担入力方式
	CATとILLの関係
	CiNii Books, Webcat Plus
	参加館のダウンロード利用
データベース構成	書誌ファイル
	所蔵ファイル
	典拠ファイル
	参照ファイル
	図書と雑誌
	レコードとファイル
	共有データと参加館固有データ
	データの修正と削除
リンク関係	リンクの種類
	書誌レコードと所蔵レコード
	書誌レコードと書誌レコード
	書誌レコードと著者名典拠レコード
	書誌レコードと統一書名典拠レコード
参照ファイル	参照ファイルの特性
	目録システム間リンク
規則	目録情報の基準
	コーディングマニュアル
	目録規則
	区切り記号法
	転記の原則
	情報源
検索のしくみ	インデクス検索の特徴
	漢字統合インデクス
	ストップワード, デリミタ

範囲	テーマ
領域Ⅱ. 各レコードの特徴	
書誌単位・書誌構造	図書書誌レコード作成単位
	書誌構造
	出版物理単位
	バランスしない書誌構造
	固有のタイトル
著者名典拠レコード	著者名典拠の機能
	著者名典拠レコード作成単位
統一書名典拠レコード	統一書名典拠の機能
	統一書名典拠レコード作成単位
所蔵レコード	所蔵レコード作成単位
領域Ⅲ. 検索の仕組み	
インデクスの切り出し	TITLEKEY
	AUTHKEY
	PUBLKEY, PUBPKEY
	AKEY
	その他のキー
	分かち書きとヨミ
検索機能	正規化
	検索キーフィールド, 前方一致等
	論理積
有効な検索キー	有効な検索キーとは
	ISBNでの検索
	タイトルでの検索
	編著者での検索
	その他の検索
	書誌データから読み解く有効な検索キー

領域Ⅳ. 書誌同定
書誌同定

領域Ⅴ. 総合
「範囲」「テーマ」を設定せず，情報源の図を用いて，目録に関する総合的な問題を出題

24 | 第1章 IAAL大学図書館業務実務能力認定試験の設計思想と概要

【総合目録－雑誌初級】

範囲	テーマ
領域Ⅰ. 総合目録の概要	
NACSISの概要・目的	共同分担入力方式
	CATとILLの関係
	CiNii Books, Webcat Plus
	参加館のダウンロード利用
データベース構成	書誌ファイル
	所蔵ファイル
	典拠ファイル
	参照ファイル
	タイトル変遷ファイル
	図書と雑誌
	レコードとファイル
	共有データと参加館固有データ
	データの修正と削除
リンク関係	リンクの種類
	書誌レコードと所蔵レコード
	書誌レコードと著者名典拠レコード
	変遷前後誌
	タイトル変遷マップ
参照ファイル	参照ファイルの特性
	システム間リンク
規則	目録情報の基準
	コーディングマニュアル
	目録規則
	転記の原則
	区切り記号法
	情報源
検索のしくみ	インデクス検索の特徴
	漢字統合インデクス
	ストップワード，デリミタ

範囲	テーマ
領域Ⅱ. 各レコードの特徴	
書誌単位・書誌構造	雑誌書誌レコード作成単位
	タイトル変遷
	基準とする号
著者名典拠レコード	著者名典拠の機能
	著者名典拠レコード作成単位
タイトル変遷マップ	タイトル変遷マップの機能
	変遷報告
所蔵レコード	所蔵レコード作成単位
	巻レベル・号レベル
	書誌と所蔵の巻次年月次の関係

範囲	テーマ
領域Ⅲ. 検索の仕組みと書誌の同定	
インデクスの切り出し	TITLEKEY
	AUTHKEY
	PUBLKEY, PUBPKEY
	AKEY
	その他のキー
	分かち書きとヨミ
検索機能	正規化
	検索キーフィールド，前方一致等
	論理積
有効な検索キー	有効な検索キーとは
	ISSNでの検索
	タイトルでの検索
	編著者での検索
	その他の検索
書誌同定	書誌同定

範囲	テーマ
領域Ⅳ. 所蔵レコードの記入方法	
所蔵年次(HLYR)	
所蔵巻次(HLV)	
継続受入(CONT)	

領域Ⅴ. 総合

「範囲」「テーマ」を設定せず，情報源の図を用いて，目録に関する総合的な問題を出題

【総合目録－図書中級】

＊各領域内の項目の内容や配分は，回によって異なります。

領域Ⅰ. 目録の基礎

登録総論，参照ファイルからの流用入力，削除予定レコード化，書誌修正指針

書誌単位，書誌階層の意味，固有のタイトル，図書と雑誌

転記の原則・文字セット，ヨミと分かち，区切り記号

著者名典拠コントロールの意味

目録規則，情報源，入力レベル

コードブロック，記述ブロック，主題ブロック(分類，件名)

各種資料のマニュアル　など

領域Ⅱ. 書誌作成・和図書

複製・原本代替資料

付属資料

更新資料

GMD/SMD

YEAR, CNTRY, REPRO

TTLL/TXTL/ORGL

VOL, ISBN, PRICE, XISBN

その他のコードフィールド

TR

ED

PUB

PHYS

VT

CW

NOTE

PTBL

AL

UTL

CLS, SH

領域Ⅳ. 書誌作成・洋図書

複製・原本代替資料

付属資料

更新資料

GMD/SMD

YEAR, CNTRY, REPRO

TTLL/TXTL/ORGL

VOL, ISBN, PRICE, XISBN

その他のコードフィールド

TR

ED

PUB

PHYS

VT

CW

NOTE

PTBL

AL

UTL

CLS, SH

領域Ⅲ. 総合・和図書

	流用	新規	修正
階層あり・階層なし			
出版物理単位			
複製版，非売品等々			

領域Ⅴ. 総合・洋図書

(英語・独語・仏語)	流用	新規	修正
階層あり・階層なし			
出版物理単位			
複製版，非売品等々			

【総合目録－雑誌中級】

＊各領域内の項目の内容や配分は，回によって異なります。

領域Ⅰ．目録の基礎

登録総論，参照ファイルからの流用入力，削除予定レコード化

書誌単位，図書と雑誌，基準とする号，複製資料

転記の原則・文字セット，ヨミと分かち，区切り記号

著者名典拠コントロールの意味

目録規則，情報源，入力レベル

コードブロック，記述ブロック，主題ブロック

電子ジャーナル　など

領域Ⅱ．書誌作成・和雑誌

タイトル変遷

複製資料

総称的タイトル

GMD/SMD

YEAR, CNTRY, REPRO

TTLL/TXTL/ORGL

PSTAT, FREQ, REGL, TYPE

ISSN，その他のコードフィールド

TR

ED

VLYR

PUB

PHYS

VT

NOTE

FID/BHNT

AL

領域Ⅳ．書誌作成・洋雑誌

タイトル変遷

複製資料

総称的タイトル

GMD/SMD

YEAR, CNTRY, REPRO

TTLL/TXTL/ORGL

PSTAT, FREQ, REGL, TYPE

ISSN，その他のコードフィールド

TR

ED

VLYR

PUB

PHYS

VT

NOTE

FID/BHNT

AL

領域Ⅲ．総合・和雑誌

	流用	新規	修正
初号あり・初号なし			
軽微な変化／書誌変遷			
復刻版，巻次変更等々			

領域Ⅴ．総合・洋雑誌

（英語・独語・仏語）	流用	新規	修正
初号あり・初号なし			
軽微な変化／書誌変遷			
復刻版，巻次変更等々			

【情報サービスー文献提供】

出題領域

内容	出題対象

領域Ⅰ．文献提供総論

文献入手の仕組み，相互貸借の理念や運用，著作権などの文献提供に関わる基礎知識	国立情報学研究所の図書館間相互利用関係法令および申合せサイト（http://www.nii.ac.jp/CAT-ILL/archive/illmanual/law.html「大学図書館における著作権問題Q&A」等）基本辞書の使い方

領域Ⅱ．書誌事項の解釈

文献リストから文献種別の判定や書誌事項を読み取る能力	SIST学術論文の書き方に関する資料『相互利用マニュアル』（NPO 法人日本医学図書館協会）等

領域Ⅲ．文献探索

文献種別に応じた入手法，文献データベースの特徴と検索手法，サーチエンジンを通じた文献入手	雑誌記事，図書・雑誌，新聞記事，学位論文，統計（主に政府刊行物），規格，法令・判例等の各データベース，オープンアクセス，機関リポジトリの検索方法

領域Ⅳ．所蔵調査

大学図書館およびその他国内の所蔵，海外の所蔵	NACSIS-CATの検索（『目録情報の基準』『目録システム利用マニュアル』等），国立国会図書館の検索（NDL-OPAC,NDLサーチ，『国立国会図書館図書協力ハンドブック』），各サイトの利用マニュアル

領域Ⅴ．ILLシステム

NACSIS-ILLの利用に関する問題	『ILLシステム操作マニュアル』『NACSIS-ILLシステム講習会テキスト』

出題区分

問題種別		出題内容
基礎問題		最新の文献提供に関わる用語や，データベース，ILLの基礎知識
応用問題	基本辞書	レファレンス業務に必要な，基本的な辞書・事典類を活用するための知識
	図書	図書（単行書のほか，学位論文や規格，法令・判例資料なども含む）の書誌情報を読み解き，文献を的確に提供できる知識
	雑誌	雑誌（新聞なども含む）の書誌情報を読み解き，文献を的確に提供できる知識
	テーマ	特定のテーマをもとに，それに関する文献を広く探索し提供できる知識

28 | 第1章　IAAL大学図書館業務実務能力認定試験の設計思想と概要

資料③ 出典・参考教材一覧：「総合目録」・ 「情報サービスー文献提供」(領域Ⅴ)

　「総合目録」の問題の出典は，おもに下記の資料によります。これらの資料のほとんどはインターネット上で参照することができますので，本書とあわせて適宜参照してください。

　「情報サービスー文献提供」の出典については，「総合目録」のようにまとまったテキストはありませんが，資料②に出題の枠組みをまとめていますので，そちらをご覧ください。領域ⅤのILLシステムに関する出典・教材のみ，ここに掲載しています。

- ここに記したURLは2018年3月現在のものです。
- セルフラーニング教材については，国立情報学研究所の要領に従ってご利用ください。

出典・参考文献	省略形
目録情報の基準　第4版　国立情報学研究所	基準
総合目録初級の試験では，NACSIS-CATおよび総合目録データベースの概要や知識等を問うているため，その基本的な考え方を示した『目録情報の基準』から多くの問題を出題しています。また，ヨミや分かち書きの規則なども，この『基準』を参照してください。 http://catdoc.nii.ac.jp/MAN/KIJUN/kijun4.html	
目録システム利用マニュアル　第6版　国立情報学研究所	利用マニュアル
具体的な検索の仕組みについて知るには，この中でも2.7検索の仕組み，付録C.インデクス作成仕様，付録D.特殊文字・記号などが参考になります。 http://catdoc.nii.ac.jp/MAN/CAT6/mokuji.html	
ILLシステム操作マニュアル　第7版　国立情報学研究所	操作マニュアル
http://catdoc.nii.ac.jp/MAN/ILL7/index.html	
ILLシステム操作マニュアル ISO ILLプロトコル対応 第3版 国立情報学研究所	
http://catdoc.nii.ac.jp/MAN/ISO3/index.html	

出典・参考文献	省略形

目録システム講習会テキスト　図書編・雑誌編　平成26年度 国立情報学研究所

	テキスト

総合目録の出題範囲の内容は，目録システム講習会のテキストにも簡潔にまとめられています。下記のサイトに公開されていますので，誰でも参照することができます。

http://www.nii.ac.jp/hrd/ja/product/cat/text_index.html

ILLシステム講習会テキスト　国立情報学研究所

	テキスト

国立情報学研究所主催のILLシステム講習会は平成24年度をもって終了しましたが，テキストは下記のサイトに公開されています。

http://www.nii.ac.jp/hrd/ja/product/cat/text_index.html

目録システムコーディングマニュアル　国立情報学研究所

	C.M.

総合目録初級は検索，同定，所蔵登録ができることを評価するものですので，コーディングマニュアルについては，0.4のみを出題の範囲としています。また，16章図書所蔵レコード，17章雑誌所蔵レコードも参考にするとよいでしょう。

総合目録中級は，『日本目録規則』『Anglo-American Cataloguing Rules』とあわせて，このコーディングマニュアルを適宜参照する必要があります。

http://catdoc.nii.ac.jp/MAN2/CM/mokuji.html

NACSIS-CAT/ILLセルフラーニング教材　国立情報学研究所

ILLシステム講習会の内容はすべてe-ラーニング化されています。

目録システム講習会の内容についても，順次e-ラーニング化が進められており，2015年度には講習会カリキュラムの内，書誌登録までがこのセルフラーニング教材で学習できるようになりました。NACSIS-CATに関するさまざまな知識が分かりやすくまとめられていますので，講習会に参加できなかった方，講習会参加からしばらく時間が経ってしまった方など，国立情報学研究所の利用規定に従って，この教材を利用してください。

http://www.nii.ac.jp/hrd/ja/product/cat/slcat.html

日本目録規則　改訂3版　日本図書館協会

	NCR

総合目録中級では，和資料の目録についての問題で，常に参照する必要があります。

Angro-American Cataloguing Rules.　2nd ed., 2002 revision.

	AACR2

総合目録中級では，洋資料の目録についての問題で，常に参照する必要があります。

NACSIS-CAT/ILLに関する参考サイト

■ 国立情報学研究所　目録所在情報サービス　http://www.nii.ac.jp/CAT-ILL/
　（国立情報学研究所が運営する，目録所在情報サービスの総合的なページです。）
■ NACSIS-CAT/ILL　Q&A DB　https://cattools.nii.ac.jp/qanda/kensaku.php
　（日々の目録業務で発生する質問と回答が蓄積されています。）

資料④ IAAL認定試験の実施状況

【実施状況】

年度	開催日	開催場所	科目	回次
2009 春季	2009年 5月17日（日）	東京・名古屋	総合目録-図書初級	第1回
2009 秋季	2009年11月15日（日）	東京・大阪	総合目録-図書初級	第2回
2010 春季	2010年 5月16日（日）	東京・大阪・福岡	総合目録-図書初級	第3回
			総合目録-雑誌初級	第1回
2010 秋季	2010年11月 7日（日）	東京・大阪	総合目録-図書中級	第1回
			総合目録-雑誌初級	第2回
2011 春季	2011年 6月 5日（日）	東京・名古屋	総合目録-図書初級	第4回
			総合目録-雑誌初級	第3回
2011 秋季	2011年11月20日（日）	東京・大阪	総合目録-図書中級	第2回
			総合目録-雑誌初級	第4回
2012 春季	2012年 5月27日（日）	東京・大阪	総合目録-図書初級	第5回
			総合目録-雑誌初級	第5回
2012 秋季	2012年11月 4日（日）	東京・大阪	総合目録-図書初級	第6回
			情報サービス-文献提供	第1回
2013 春季	2013年 5月19日（日）	東京・大阪	総合目録-図書中級	第3回
			総合目録-雑誌初級	第6回
2013 秋季	2013年11月10日（日）	東京・名古屋・北九州	総合目録-図書初級	第7回
			情報サービス-文献提供	第2回
2014 春季	2014年 4月27日（日）	東京・大阪	総合目録-図書初級	第8回
			総合目録-雑誌中級	第1回
2014 秋季	2014年11月 9日（日）	東京・大阪	総合目録-図書中級	第4回
			情報サービス-文献提供	第3回
2015 春季	2015年 5月24日（日）	東京・大阪	総合目録-図書初級	第9回
			総合目録-雑誌初級	第7回
2015 秋季	2015年11月15日（日）	東京・名古屋・北九州	総合目録-図書初級	第10回
			情報サービス-文献提供	第4回
2016 春季	2016年 5月15日（日）	東京・大阪	総合目録-雑誌初級	第8回
			総合目録-図書中級	第5回
2016 秋季	2016年11月13日（日）	東京・大阪	総合目録-図書初級	第11回
			情報サービス-文献提供	第5回
2017 春季	2017年 5月28日（日）	東京・大阪	総合目録-図書初級	第12回
			総合目録-雑誌中級	第2回
2017 秋季	2017年11月 5日（日）	東京・大阪	総合目録-雑誌初級	第9回
			情報サービス-文献提供	第6回

【受験者・合格者・合格率】

科目		応募者	受験者	合格者	合格率
総合目録-図書初級	第1回	221	216	112	51.9%
	第2回	216	207	78	37.7%
	第3回	146	139	72	51.8%
	第4回	154	147	78	53.1%
	第5回	134	129	72	55.8%
	第6回	176	169	77	45.6%
	第7回	141	134	72	53.7%
	第8回	123	116	65	56.0%
	第9回	168	159	80	50.3%
	第10回	166	159	68	42.8%
	第11回	167	157	44	28.0%
	第12回	169	153	72	47.1%
小計		1,981	1,885	890	47.2%
総合目録-雑誌初級	第1回	88	76	52	68.4%
	第2回	70	64	22	34.4%
	第3回	27	24	10	41.7%
	第4回	66	60	18	30.0%
	第5回	67	60	42	70.0%
	第6回	83	75	32	42.7%
	第7回	157	149	71	47.7%
	第8回	135	124	65	52.4%
	第9回	109	101	65	64.4%
小計		802	733	377	51.4%
総合目録-図書中級	第1回	106	103	44	42.7%
	第2回	59	58	24	41.4%
	第3回	82	81	29	35.8%
	第4回	58	55	27	49.1%
	第5回	96	94	43	45.7%
小計		401	391	167	42.7%
総合目録-雑誌中級	第1回	28	27	16	59.3%
	第2回	53	50	11	22.0%
小計		81	77	27	35.0%
情報サービス-文献提供	第1回	100	97	35	36.1%
	第2回	85	83	24	28.9%
	第3回	105	103	29	28.2%
	第4回	144	141	42	29.8%
	第5回	132	121	26	21.5%
	第6回	100	93	15	16.1%
小計		666	638	171	26.8%
累計		3,931	3,724	1,632	43.8%

第2章

「総合目録－雑誌初級」
過去問題

35

IAAL 大学図書館業務実務能力認定試験

「総合目録－雑誌初級」　第 1 回（2010 年 5 月 16 日）

試 験 問 題

- ・　「総合目録－雑誌初級」では、NACSIS·CAT を正確かつ効率的に検索し、所蔵登録ができる能力があることを評価します。
- ・　設問で問う書誌レコードは、NACSIS·CAT の入力基準に合致した、正しい記述がなされている書誌を想定しています。書誌レコードは正しい記述がなされているという前提で解答してください。
- ・　設問中にある書誌レコードは、NACSIS Webcat で表示される形式に、一部修正を加えた形で示しています。

注意事項

1. **指示があるまで開いてはいけません。**

2. 問題は 100 題で、解答時間は 50 分です。

3. 設問の番号と解答用紙の番号は対になっています。設問に対応する解答にマークされているか、十分注意してください。

4. この試験問題は、後で回収します。切り取ったり、転記したり、持ち帰ったりしてはいけません。

5. 解答用紙は機械処理しますので、折ったり曲げたりしないでください。

　「*」がついている問いは、終了もしくは変更が生じたサービスが含まれているため、2018 年 4 月時点では問題文として成立しないものです。

NPO 法人大学図書館支援機構

36 | 第2章 「総合目録－雑誌初級」過去問題

以下の100題は、NACSIS-CAT についての説明文です。正しい場合はマークシート欄の○を、間違っている場合はマークシート欄の×をぬりつぶしてください。

I. 総合目録の概要

問1. 総合目録データベースは、参加館が分担してデータ入力を行うオンライン共同分担入力方式により形成されている。

問2. NACSIS-CAT では総合目録データベースが、NACSIS-ILL（図書館間相互貸借システム）では ILL サービス専用の目録データベースが、それぞれ構築されている。

＊問3. 総合目録データベースの書誌レコード及び所蔵レコードの更新内容は、NACSIS Webcat 及び Webcat Plus にも即時に反映されている。

問4. 参加館は、総合目録データベースのデータをダウンロードし、自館の OPAC 構築や、受入業務、閲覧業務などの目録業務以外にも利用することができる。

問5. 書誌ファイルには図書書誌ファイルと雑誌書誌ファイルがあり、両ファイルともその中に和資料ファイルと洋資料ファイルを持っている。

問6. 所蔵ファイルには図書所蔵ファイルと雑誌所蔵ファイルがあり、ファイル名はそれぞれ「BOHOLD」と「ZAHOLD」である。

問7. 典拠ファイルには著者名典拠ファイルと統一書名典拠ファイルがあり、統一書名典拠ファイルは図書書誌レコードのみに対応したものである。

問8. 参照ファイルとは、MARC を総合目録データベースのファイル形式に合わせて変換したものであり、総合目録データベースの外周に置かれている。

問9. 参照ファイルには図書書誌、雑誌書誌、統一書名典拠などの種類があるが、著者名典拠の参照ファイルは存在していない。

問10. 図書か雑誌かの判断がつきにくい資料などは、同一の資料であっても、図書書誌ファイルと雑誌書誌ファイルのそれぞれにレコードが存在していることがある。

問11. 雑誌書誌ファイル内に著者名典拠ファイルと統一書名典拠ファイルがあり、総合目録データベースのファイルは入れ子構造になっている。

問12. 書誌レコードと典拠レコードは参加館が共有しているレコードであり、所蔵レコードと参加組織レコードは参加館固有のレコードである。

問13. 参加館共有のレコードを修正する場合は、コーディングマニュアルで規定されている修正指針に沿って修正を行うようになっている。

問14. リンクしている所蔵レコードとタイトル変遷レコードが存在していないことが確認できれば、当該書誌の作成館に限って、そのレコードを総合目録データベースから削除することができる。

問15. 雑誌書誌レコードと著者名典拠レコードとのリンク形成は、なるべく行うのが望ましいが、必須ではなく任意とされている。

問16. 所蔵レコードを登録する際は、1書誌レコードに対して、参加館の配置コード単位に1所蔵レコードを作成する。

問17. 著者名典拠の標目には、個人の名前だけでなく、団体名、会議名なども採用される。

問18. タイトル変遷関係にある雑誌書誌レコードは、前誌の情報が後誌の書誌レコードに記録されており、前誌から後誌を辿ることはできない。

38 | 第2章 「総合目録－雑誌初級」過去問題

問19. 変遷関係で結ばれた雑誌のかたまりを「変遷ファミリー」と呼び、同じファミリーID（FID）をもつ書誌レコードを、継続、派生、吸収の関係図で示したものが「タイトル変遷マップ」である。

問20. 総合目録データベースに求めるレコードがない場合に限り、参照ファイル内のレコードに所蔵を付けることができる。

＊問21. 目録システム間リンク（OCLC 等）の利用には、「総合目録データベースあるいは参照ファイルに一致・類似レコードが存在しない場合にのみ検索する」、「NACSIS・CAT への登録作業を行う場合にのみ検索利用する」といった一定の制限が設けられている。

問22. データベースの構造やレコード作成単位、文字入力や分かち書きの原則などを確認したいときは、『目録情報の基準』を参照するのが適切である。

問23. データの記入方法に関する全般的なこと、データ記入の具体的な方法などを調べたいときは、『目録システムコーディングマニュアル』を参照するのが適切である。

問24. 書誌レコードのデータは、和資料及び洋資料とも『日本目録規則』に準拠して記入されている。

問25. 各フィールドのデータ要素は、原則として ISBD（国際標準書誌記述）に従って記入することになっており、その具体的内容は主にコーディングマニュアルに記されている。

問26. 「転記の原則」により、英文タイトルは規定の情報源に表記されているとおりの大文字、小文字で入力されている。

問27. 書誌レコードの記入内容は、目録規則及びコーディングマニュアルで規定されている情報源からとることになっており、この情報源はフィールドによって異なっている。

問28. NACSIS·CAT の検索は、登録されたレコードから一定の規則に沿って作成される検索用インデクスと、検索画面から入力された検索キーを同一の規則で変換したものとの照合により行われる。

問29. 登録されたレコードのデータ及び入力された検索キーともに漢字統合インデクスによる正規化が行われるため、漢字表記の違いによる検索漏れを防ぎ、字体の違いを意識することなく検索することができる。

問30. 検索用インデクスから除外される語で、具体的には欧米諸言語の前置詞、冠詞、接続詞などのことをデリミタという。

II. 各レコードの特徴

問31. 刊行途中で出版者が変わっても別書誌レコードは作成されないが、並行して異なる出版者から刊行されたものについては、別書誌として扱われる。

問32. タイトルが総称的で責任表示が異なるものは、別書誌レコードとなる。

問33. 本タイトルは、共通タイトルと従属タイトルから構成される場合がある。この時、共通タイトルは変わらず従属タイトルだけが変わった場合もタイトル変遷となる。

問34. 雑誌の書誌レコードの記述は、最新の号に基づいて作成されている。

問35. 初号も終号もなく、記述が所蔵最古号に基づいて作成されている場合、書誌レコードには巻次・年月次（VLYR）や出版年（PUBDT）のデータが記述されていない。

問36. 著者名典拠レコードにリンクすることで、資料によってアルファベットやカナなど、異なる文字で表示されている同一の著者について、統一した標目形を採用することができる。

問37. 著者名典拠レコードによって、統一された著者標目の形以外に、異なる他の形の著者名からの検索が可能となる。

問38. 目録規則によって著者名典拠の標目の形が異なる場合は、それぞれの形を標目とした著者名典拠レコードが作成されている。

問39. 著者名が団体の内部組織の場合、その著者名典拠レコードの標目は最上位の団体名とする。

問40. タイトル変遷マップは、雑誌の継続関係を示した図で、吸収や派生した場合は別のマップが作成される。

問41. タイトル変遷ファイルは、雑誌のタイトルの変遷関係を示すためのものである。このファイルは、国立情報学研究所での確証作業を経て構築される。

問42. 同一配置コード内で複本を登録する場合は、所蔵レコードを複数作成する。

問43. 所蔵レコードの巻次（HLV）は、目録対象資料上に表示されている表現にかかわらず、「巻レベル（号レベル）」の形で、数字のみで記入されている。

問44. 所蔵レコードの巻次（HLV）と年次（HLYR）は、書誌レコードの巻次・年月次（VLYR）の範囲をこえてはならない。

問45. 所蔵レコードの年次（HLYR）は、所蔵最古と最新の出版年をアラビア数字で記入する。例えば「出版年鑑」昭和 63 年版（1989 年発行）だけを所蔵する場合は、「1989-1989」が年次となる。

「総合目録－雑誌初級」 第1回 | 41

III. 検索の仕組みと書誌の同定

問46. TITLEKEY は、TR フィールドのタイトル関連情報からは作成されない。

問47. 『Nature. Physical science』を検索する場合に、「FTITLE=Nature」は正しい検索キーである。

問48. 『群馬大学紀要. 自然科学編』を検索する場合に、「FTITLE=グンマダイガクキヨウシゼンカガクヘン」は正しい検索キーである。

問49. その他のタイトル（VTD）及びその他のタイトルのヨミ（VTR）からも TITLEKEY が切り出される。

問50. TR フィールドの本タイトルに「環境教育」を持つ資料を検索する場合に、「TITLE=カンキョウ　キョウイク」は正しい検索キーである。

問51. TR フィールドの本タイトルに「ビデオα」を持つ資料を検索する場合に、「TITLE=ビデオ　アルファ」は正しい検索キーである。

問52. TR フィールドの本タイトルに「100万」を持つ資料を検索する場合に、「TITLE=100マン」は正しい検索キーである。

問53. すべてのコードフィールドで、前方一致検索ができる。

問54. 複数の検索フィールドに検索キーを入力すると、それぞれの検索キーの論理積による検索が行われる。

問55. 検索キーとして検索画面に入力する漢字は、新字体でも旧字体でもよい。

問56. 『紀要. 社会学・社会情報学』（中央大学文学部編）を検索する場合、
「TITLE＝キヨウ　シャカイガク　チュウオウ　ダイガク」は正しい検索キーである。

問57. 『暮らしの手帖. 別冊, 101 のアイデア』を検索する場合、
「TITLE＝クラシ　ベッサツ　101」は正しい検索キーである。

問58. 『センター・ニュース』を検索する場合に、「TITLE=センターニュース」は正しい
検索キーである。

問59. 『明治ライブラリーレポート』を検索する場合に、「TITLE=ライブラリーレポート」
は正しい検索キーである。

問60. 『Le thé』を検索する場合に、「FTITLE=LETHE」は正しい検索キーである。

問61. 東京都水道局経営計画部から出版されている『事業年報』（東京都水道局編）を検
索する場合、「PUBL=東京都　水道局」は正しい検索キーである。

問62. 『Anglo-African magazine』を検索する場合、「TITLE=Angloafrican」は正しい検
索キーである。

問63. 『 Deutsche wissenschaftliche Zeitschrift für Posen 』を 検 索 す る 場 合、
「AKEY=deuwzf」は正しい検索キーである。

「総合目録－雑誌初級」第1回 | 43

• 書誌同定に関する次の問題のうち、正しい場合は〇、間違っている場合は×としなさい。

問64. 手元の資料Ａ（表紙）は、検索結果の書誌レコード（ア）と同定してよい。

物価統計年報

昭和63年度
総理府統計局編集

日本統計協会

資料Ａ（表紙）

物価統計年報 / 総理府統計局
昭和 63 年度（昭 63）-
東京 ： 総理府統計局, 1989-

書誌レコード（ア）

問65. 手元の資料Ｂ（表紙）は、検索結果の書誌レコード（イ）と同定してよい。

関西自然保護機構

会報

第 22 巻第 1 号
2000 年 6 月号

資料Ｂ（表紙）

関西自然保護機構会報 / 関西自然保護機構編
No. 1（1978.10）-no. 18（1989.8）；12 巻 1 号（1990.5）-
＝ 通算 19 号（1990.5）-
大阪 ： 関西自然保護機構, 1978-

書誌レコード（イ）

44 | 第2章 「総合目録−雑誌初級」過去問題

問66. 手元の資料C（ディスクラベル）は、検索結果の書誌レコード（ウ）と同定してよい。

資料C（ディスクラベル）

書誌レコード（ウ）

Current contents on diskette with abstracts. Life sciences[コンピュータファイル]. -- (AA10881714). -- [Philadelphia]：Institute for Scientific Information
注記：Began with: Vol. 34, issue 18 (May 6, 1991)；System requirements: NEC 9800 series, IBM PC or compatible; 640K RAM; DOS 3.1 or higher; hard and floppy disk drives. Apple MAC; 1M RAM; System 6.0.2 or higher; hard and floppy disk drives；Description based on surrogate of: Vol. 34, issue 50 (Dec. 16, 1991)；Title from disk label
ISSN: 10623108

問67. 手元の資料D（標題紙）は、検索結果の書誌レコード（エ）と同定してよい。

資料D（標題紙）

Advances
in
heat transfer

Supplement 1

1978
Academic Press

書誌レコード（エ）

Advances in heat transfer
Vol. 1 (1964) -
New York：Academic Press

「総合目録－雑誌初級」 第1回 ｜ 45

IV. 所蔵レコードの記入方法

- 次の枠内の書誌レコードに対して、所蔵年次（HLYR フィールド）の記述方法について正しい場合は○、間違っている場合は×としなさい。

問68.

> VLYR: 1967 年度版（1967）-
> PUB: 東京 ： 大蔵省印刷局, 1968.3-

「1976 年度版」（1977 年 3 月刊）のみを所蔵登録する場合は、
「HLYR: 1977-1977」 と記述する。

問69.

> VLYR: 1 号（1972/1973）-3 号（1976/1977）

「1 号（1972/1973）」（1974 年 3 月刊）のみを所蔵登録する場合は、
「HLYR: 1972-1973」 と記述する。

問70.

> VLYR: 昭和 60 年版（昭 60）-昭和 63 年版（昭 63）；平成元年版（平 1）-平成 3 年版（平 3）

「昭和 60 年版」から「平成 3 年版」まですべてを所蔵登録する場合は、
「HLYR: 1985-1991」 と記述する。

46 | 第2章 「総合目録－雑誌初級」過去問題

- 次の枠内の書誌レコードに対して、所蔵巻次（HLV フィールド）の記述方法について正しいものは○、間違っているものは×としなさい。

問71.

> VLYR: 平成 10 年版（平 10）-
> FREQ: a　（年刊）

「平成 21 年度版」を登録する場合は、
「HLV: 2009」あるいは「HLV: 21」のいずれの記述でもよい。

問72.

> VLYR: 昭和 60 年上期（昭 60.上）-
> FREQ: f　（年 2 回刊）

「昭和 60 年上期」、「昭和 60 年下期」、「昭和 61 年下期」を登録する場合は、
「HLV: 60,61(2)」と記述する。

問73.

> VLYR: 創刊号（1960）-
> FREQ: q　（季刊）

「創刊号」と、それに続く「1 巻 2 号」を所蔵登録する場合は、
「HLV: 1(1-2)」と記述する。

問74.

> VLYR: Vol. 1, no. 1 (1988 Jan.) -v. 10, no. 12 (1997 Dec.)
> FREQ: m　（月刊）

「Vol. 2, no. 3」から「Vol. 5, no. 6」までを、間に欠号なく所蔵登録する場合は、
「HLV: 2(3) -5(6)」と記述する。

問75.

> VLYR: -10 巻 6 号（1994.12）
>
> FREQ: b　（隔月刊）

「6 巻 1 号」から「8 巻 2 号」までを、間に欠号なく所蔵登録する場合は、
「HLV: 6-8」と記述する。

問76.

> VLYR: Vol. 2, no. 3 (1988 Mar.) -v. 9, no. 12 (1995 Dec.)

「Vol. 2, no. 3」から「Vol. 9, no. 12」までを、間に欠号なく所蔵登録する場合は、
「HLV: 2-9」と記述する。

問77.

> VLYR: 1 巻 1 号（1960.1）-10 巻 12 号（1969.12）＝ 1 号（1960.1）-120 号（1969.12）
>
> FREQ: m　（月刊）

「1 巻 1 号」から「10 巻 12 号」までを、間に欠号なく所蔵登録する場合は、
「HLV: 1-10」あるいは「HLV: 1-120」のいずれの記述でもよい。

問78.

> VLYR: 1 巻 1 号（1978.1）-5 巻 6 号(1983,6)；31 号（1983.6）-60 号(1986.5)
>
> FREQ: m　（月刊）

「5 巻 2 号」（1983.2）と「50 号」（1984.1)のみを所蔵登録する場合は、
「HLV: 5(2),50」と記述する。

48 | 第2章 「総合目録－雑誌初級」過去問題

● 次の設問について、正しい場合は○、間違っている場合は×としなさい。

問79. 「HLV: 7()-11()」という所蔵データは、7巻、8巻、9巻、10巻、11巻すべてが、欠号のある不完全巻であることを意味する。

問80. 1号（1976）-36号（2008）をすべて所蔵し、今後も受入予定である場合、登録所蔵データは次のとおりである。

HLV: 1
HLYR: 1976-1976
CONT: +

V. 総合

- 図1の雑誌の説明文で、正しい場合は○、間違っている場合は×としなさい。

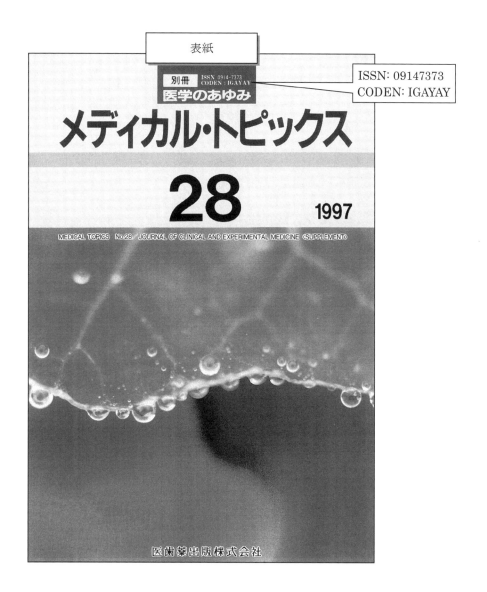

図 1

50 | 第2章 「総合目録－雑誌初級」過去問題

問81. 図1にある「CODEN」とは、おもに自然科学系雑誌に付与される雑誌の識別コードである。

問82. 「TITLE=医学　メディカル」は、図1の雑誌の正しい検索キーである。

問83. 図1の雑誌の所蔵レコードを登録するのは、次の書誌レコードである。

> 医学のあゆみ. 別冊, メディカル・トピックス ＝Journal of clinical and experimental medicine. Supplement, Medical topics<イガク　ノ　アユミ. ベッサツ, メディカル・トピックス>. -- (AN10075160)
> 1 ([1987. 7]) -35 (2000). -- 東京： 医歯薬出版, 1987-2000.2
> 　ISSN: 09147373　　CODEN: IGAYAY
> 　著者標目: 医歯薬出版<イシヤク　シュッパン>

問84. 図1の雑誌の所蔵レコードを登録するのは、次の書誌レコードである。

> 週刊醫學のあゆみ：igaku no ayumi<シュウカン　イガク　ノ　アユミ>. -- (AN10289798)
> 26 巻 1 号 (昭 33.6.7) -. -- [東京]： 医歯薬出版, [1958] -
> 　ISSN: 00392359　　CODEN: IGAYAY
> 　別タイトル: 醫學のあゆみ；Journal of clinical and experimental medicine；
> 　週刊医学のあゆみ；医学のあゆみ
> 　継続前誌: Journal of the American Medical Association / ジャーナル AMA
> 　日本版刊行会 ； 醫學のあゆみ / 日本醫學雑誌株式会社 [編]
> 　著者標目: 医歯薬出版株式会社<イシヤク　シュッパン　カブシキ　ガイシャ>

「総合目録－雑誌初級」第1回 | 51

● 図2の雑誌の説明文で、正しい場合は○、間違っている場合は×としなさい。

| 表紙 |

労 働 力 調 査 年 報
II　詳細集計

Annual Report on the Labour Force Survey
II　Detailed Tabulation

平 成 20 年
2008

総 務 省 統 計 局

Statistics　Bureau
Ministry of Internal Affairs and Communications
Japan

図 2

| 奥付 |

平成 21 年 3 月 31 日

編集　総務省統計局

発行　日本統計協会

52 | 第 2 章 「総合目録−雑誌初級」過去問題

問85. 「TITLE=ロウドウリョクチョウサネンポウ」は、図２の雑誌の正しい検索キーで
ある。

問86. 新たに、図２の巻号のみを登録する場合、所蔵年次（HLYR）、所蔵巻次（HLV）は、
それぞれ「HLYR:2008-2008」、「HLV:20」と記述する。

問87. 図２の雑誌の所蔵レコードを登録するのは、次の書誌レコードである。

労働力調査年報 / 総理府統計局 = Annual report on the labour force survey / Bureau of
Statistics, Office of the Prime Minister, Japan<ロウドウリョク チョウサ ネンポウ>. -- [市販本
版]. -- (AN10028047)
昭和 51 年（昭 51）-昭和 63 年（昭 63）；平成元年（平 1）-平成 18 年（平 18）. --　　東京 ： 日本統
計協会, 1977-2007　注記:責任表示変更: 総理府統計局 (-昭和 58 年)→総務庁統計局 (昭和 59 年-
平成 11 年)→総務省統計局 (平成 12 年-)；　《　略　》
　ISSN: 02891344
　継続後誌: 労働力調査年報. I, 基本集計 / 総務省統計局［編集］= Annual　　report on the
labour force survey. I, Basic tabulation / Statistics　　Bureau, Ministry of Internal Affairs and
Communications, Japan
　著者標目: 総理府統計局<ソウリフ トウケイキョク>；総務庁統計局<ソウムチョウ トウケイ
キョク>；総務省統計局<ソウムショウ トウケイキョク>

問88. 図２の雑誌の所蔵レコードを登録するのは、次の書誌レコードである。

労働力調査年報. II, 詳細集計 / 総務省統計局［編集］= Annual report on the labour force
survey. II, Detailed tabulation / Statistics Bureau,Ministry of Internal Affairs and
Communications, Japan<ロウドウリョク チョウサ ネンポウ. 2, ショウサイ シュウケイ>. --
[公文書版]. -- (AA12331146)
平成 19 年（平 19）-. -- 東京 ： 総務省統計局, 2008.5-
　ISSN: 18829449
　継続前誌: 労働力調査年報. 詳細結果 / 総務省統計局［編集］= Annual report on the labour
force survey. Detailed tabulation / Statistics Bureau, Ministry of Public Management, Home
Affairs, Posts and Telecommunications, Japan
　著者標目: 総務省統計局<ソウムショウ トウケイキョク>

- 図3の雑誌の説明文で、正しい場合は○、間違っている場合は×としなさい。

図3

問89. 「紀要」は総称的タイトルである。

問90. ISSN（国際標準逐次刊行物番号）は、日本では国立国会図書館がISSN日本センターとして管理している。

問91. 「TITLE=紀要　言語文学編」は、図3の雑誌の正しい検索キーである。

問92. 図3の雑誌の「第4号（1969）」（1969.12発行）から「第21号(1989)」（1990.3発行）までを欠号なく所蔵している場合、所蔵年次（HLYR）、所蔵巻次（HLV）は、それぞれ「HLYR:1969-1989」、「HLV:4-21」と記述する。

54 | 第2章 「総合目録－雑誌初級」過去問題

問93. 図3の雑誌の所蔵レコードを登録するのは、次の書誌レコードである。

愛知県立大学外国語学部紀要. 言語・文学編 / 愛知県立大学外国語学部<アイチ ケンリツ ダイガク ガイコクゴ ガクブ キヨウ. ゲンゴ・ブンガクヘン>. -- (AN0030262X)

3号 (1968) -3号 (1968). -- 名古屋 : 愛知県立大学外国語学部, 1968.12

ISSN: 02868083

別タイトル: The journal of the Faculty of Foreign Studies, Aichi Prefectural University; 愛知県立大学外国語学部紀要. 言語・文学 ; 愛知県立大学外国語学部紀要. 言語・文学編

継続前誌: 愛知県立大学外国語学部紀要 / 愛知県立大学外国語学部

継続後誌: 紀要. 言語・文学編 / 愛知県立大学外国語学部

著者標目: 愛知県立大学外国語学部<アイチ ケンリツ ダイガク ガイコクゴ　ガクブ>

問94. 図3の雑誌の所蔵レコードを登録するのは、次の書誌レコードである。

紀要. 言語・文学編 / 愛知県立大学外国語学部<キヨウ. ゲンゴ・ブンガクヘン>. -- (AN00056192)

4号 (1969) -. -- 名古屋 : 愛知県立大学外国語学部, 1969.12-

ISSN: 02868083

別タイトル: The Journal of the Faculty of Foreign Studies, Aichi Prefectural University. Language and literature ; 紀要. 言語・文学 ; 愛知県立大学外国語学部紀要. 言語・文学編 ; 愛知県立大学外国語学部紀要. 言語・文学編

継続前誌: 愛知県立大学外国語学部紀要. 言語・文学編 / 愛知県立大学外国語学部

派生後誌: 愛知県立大学外国語学部紀要. 外国語教育編 / 愛知県立大学外国語学部

著者標目: 愛知県立大学外国語学部<アイチ ケンリツ ダイガク ガイコクゴ ガクブ>

- 図4の雑誌の説明文で、正しい場合は〇、間違っている場合は×としなさい。

表紙

図4

問95. LADIES'の末尾にある「'」（アポストロフィ）は、検索キーに入れても入れなくてもよい。

問96. 図4の雑誌の「Volume 46　Number 4」（APRIL 1929）から「Volume 47　Number 12」（DECEMBER 1930）までを受入れた。ただし「Volume 46　Number 10」（OCTOBER 1929）は欠号であった。この場合、所蔵年次（HLYR）、所蔵巻次（HLV）は、それぞれ「HLYR: 1929-1930」、「HLV: 46(4-9),46(11-12),47」と記述する。

問97. 図4の雑誌の所蔵レコードを登録するのは、次の書誌レコードである。

Ladies' home journal : the family magazine of America. -- (AA00267334) . -- Philadelphia : Curtis
　注記: Description based on: Vol. 32, no. 1 (Jan. 1915) ; Title from cover
　ISSN: 00237124

- 図5の雑誌の説明文で、正しい場合は○、間違っている場合は×としなさい。

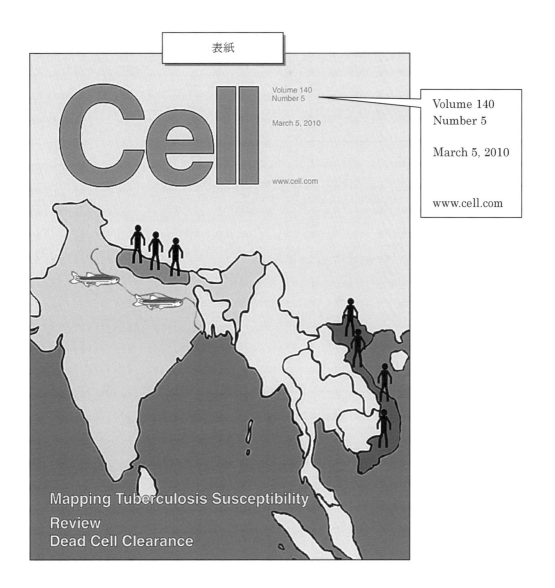

図 5

問98. 図5の雑誌を検索する際、「TITLE」で検索すると膨大なレコードがヒットしてしまうので、「FTITLE」で検索するのが効率的である。

問99. 既に図5の雑誌の所蔵登録をしていたが、冊子での受入を中止した。その場合、受入継続表示（CONT）は「+」を「-」に書き換える。

問100. 図5の雑誌の所蔵レコードを登録するのは、次の書誌レコードである。

Cell[コンピュータファイル(リモートファイル)]. -- (AA12024453)

Vol. 1, issue 1 (Jan. 1974) -. -- Cambridge, Mass. : MIT Press

　URL: http://www.cell.com/content

　注記: Access: via WWW ; Full text delayed 1 year

　ISSN: 10974172

　別タイトル: Cell (Online) ; Cell (Online)

　著者標目: Massachusetts Institute of Technology

（終）

59

IAAL 大学図書館業務実務能力認定試験

「総合目録－雑誌初級」　第 2 回（**2010 年 11 月 7 日**）

試　験　問　題

- 「総合目録－雑誌初級」では、NACSIS-CAT を正確かつ効率的に検索し、所蔵登録ができる能力があることを評価します。
- 設問で問う書誌レコードは、NACSIS-CAT の入力基準に合致した、正しい記述がなされている書誌を想定しています。書誌レコードは正しい記述がなされているという前提で解答してください。
- 設問中にある書誌レコードは、「目録システムコーディングマニュアル」に準拠しています。

注意事項

1. **指示があるまで開いてはいけません。**

2. 問題は 100 題で、解答時間は 50 分です。

3. 設問の番号と解答用紙の番号は対になっています。設問に対応する解答にマークされているか、十分注意してください。

4. この試験問題は、後で回収します。切り取ったり、転記したり、持ち帰ったりしてはいけません。

5. 解答用紙は機械処理しますので、折ったり曲げたりしないでください。

　「*」がついている問いは、終了もしくは変更が生じたサービスが含まれているため、2018 年 4 月時点では問題文として成立しないものです。

NPO 法人大学図書館支援機構

60 | 第2章 「総合目録－雑誌初級」過去問題

以下の 100 題は、NACSIS-CAT についての説明文です。正しい場合はマークシート欄の○を、間違っている場合はマークシート欄の×をぬりつぶしてください。

I. 総合目録の概要

問1. 共同分担入力方式の採用により、参加館での目録作成作業の重複を防ぐだけでなく、目録業務の負担を軽減することができる。

問2. NACSIS-CAT の書誌レコードを用いて NACSIS-ILL 依頼レコードを作成できるようになっている。

＊問3. 書誌レコード ID は書誌レコードを一意に識別するためのものであり、NACSIS Webcat においても、書誌レコード ID での検索が可能である。

問4. NACSIS-CAT は、CATP プロトコルという通信方式により各クライアントとのやり取りを行う。

問5. 書誌ファイルには、和図書書誌ファイル、洋図書書誌ファイル、和雑誌書誌ファイル、洋雑誌書誌ファイルの 4 つがある。

問6. 所蔵ファイルは、図書所蔵ファイルと雑誌所蔵ファイルに分かれているが、各ファイルのレコードがリンクを形成する参加組織レコードには図書と雑誌という区分はない。

問7. 著者名典拠は、「個人名」ファイルと「団体名」ファイルに分かれている。

問8. 総合目録データベースの形成を支援するために参照ファイルが用意されており、参照ファイル内のレコードにも所蔵登録を行うことができる。

問9. 参照ファイル内の書誌レコードには、図書と雑誌という区分はない。

問10.　ISBN があればその資料は雑誌書誌ファイルに登録されていない。

問11.　タイトル変遷ファイルは雑誌固有の、統一書名典拠ファイルは図書固有のものである。

問12.　書誌レコード、典拠レコード、タイトル変遷レコードは参加館で共有のレコードであり、所蔵レコード、参加組織レコードは参加館固有のレコードである。

問13.　雑誌書誌レコード中に誤りを発見した場合は、当該書誌レコードの作成館に連絡して修正を依頼することになっている。

問14.　雑誌書誌レコードの削除について、所蔵レコードもタイトル変遷レコードもリンクしていないことが確認できた場合は、当該書誌レコードを「削除予定レコード」に修正した後、国立情報学研究所へ報告する。

問15.　雑誌書誌レコードに関するリンクは、所蔵レコード、タイトル変遷レコード、著者名典拠レコードの３種類だけである。

問16.　雑誌書誌レコードを新規に登録した場合、作成館がその書誌に所蔵レコードを登録するかどうかは任意である。

問17.　１つの書誌レコードが、複数の著者名典拠レコードとリンクを形成していることはない。

問18.　雑誌書誌レコードの NOTE フィールドに、変遷関係に関する内容が記述されていても、BHNT フィールド、FID フィールドにデータが記述されていない場合には、変遷関係リンクは形成されていない。

問19.　雑誌のタイトル変遷には「継続」「派生」「吸収」の３種類がある。

問20.　参照ファイルにおいても、書誌レコードと著者名典拠レコードは可能な限りリンク形成されている。

＊問21. 現在、雑誌書誌の作成で利用できる目録システム間リンクは OCLC のみである。

問22. ヨミの表記や分かち書きについては、『目録情報の基準』を参照するのが適切である。

問23. 『目録システムコーディングマニュアル』では、和雑誌書誌レコードと洋雑誌書誌レコードは別々の章立てとなっている。

問24. 書誌レコードで記述されるデータ内容について、準拠する目録規則は、原則として本文の言語によって定められている。

問25. レコードのデータ要素を区切る「区切り記号」は、原則として英語の慣用に従って使用されている。

問26. 音標符号を含む文字は省略して記述することができる。例えば、情報源上では「Ä」「ç」という文字でも、書誌上では「A」「c」と記述されている。

問27. 各フィールドのデータ要素の情報源は、1 フィールドにつき 1 ヵ所ずつ規定されている。

問28. 漢字で表記されているタイトルについて、ヨミの分かちが正しくない場合、インデクスが正しく作成されない。

問29. 「経済学」「經濟學」「経済學」「經済学」など、検索時にどの形で入力しても、漢字統合インデクスにより正規化されるので、同様の検索結果が得られる。

問30. The, of, Le, Die などの欧米諸言語における前置詞、冠詞、接続詞等がストップワードに指定されている。

II. 各レコードの特徴

問31. 同一の資料から複製されたマイクロフィッシュ資料と、マイクロフィルム資料は、「マイクロ複製資料」として1つの書誌レコードに登録されている。

問32. タイトルの変化には重要な変化と軽微な変化があり、軽微な変化に該当しない重要な変化の場合にタイトル変遷と判断する。

問33. ある雑誌が、①タイトルA → ②タイトルB → ③タイトルA と変化した場合、①と③の「タイトルA」という雑誌は1つの書誌レコードで記述されている。

問34. 雑誌の書誌レコードは初号主義により、初号に基づいて記述するので、最新の出版者が注記にしか記述されていないことがある。

問35. 雑誌書誌レコードは、初号に基づいて記述することになっているが、一部のコード類（例えばISSN, FREQ等）では、最新号のデータを記述していることもある。

問36. 著者名典拠ファイルを検索し、リンクされている書誌レコードをたどることによって、その著者の著作をすべて検索することができる。

問37. 同一のタイトル変遷マップに属する書誌レコードには、共通のFID（変遷ファミリーID）が記述されている。

問38. 雑誌書誌レコードにおけるタイトル変遷情報は、BHNT及びFIDのフィールドによって表現されるが、この2つのフィールドは、参加館が記述することはできない。

問39. 参加館によって、参加組織単位で所蔵登録をする方式と、同一の参加組織の下に複数の配置コードを設定し、その単位ごとに登録する方式とがあるが、レコードによってどちらの方式で登録するかを自由に選択することができる。

問40. 所蔵レコードの巻次(HLV)は、資料には「1 号」「No. 1」のように表示されていても、1階層であれば「巻レベル」と考える。

問41. 巻次が巻・号・分冊のように3階層で構成される場合、3階層目は1冊でも所蔵していれば号レベルを所蔵しているものとして記述されている。

問42. 所蔵レコードの年次（HLYR）は、書誌レコードの YEAR フィールドに記述された「刊年 1」「刊年 2」の数値の範囲を超えてはならない。

問43. 書誌レコードの巻次・年月次（VLYR）に初号の情報が記述されていれば、それより後の号が各所蔵レコードに記述されるべきだということが判断できる。

問44. 所蔵レコードの巻次（HLV）は、書誌レコードの VLYR フィールドに記述された表現形式にあわせる。下記のレコードに対して「平成 22 年版」を登録する場合、資料に元号及び西暦年が併記されていたとしても、「HLV: 2010」とはしない。

VLYR: 平成 3 年版（平 3)·

問45. 手元の資料に「2巻3号」「通巻 15 号」という2通りの表示があり、書誌レコードの巻次・年月次（VLYR）が下記のように記述されていた場合、「HLV: 15」とはしない。

VLYR: 1 巻 1 号（1987.1)·

III. 検索の仕組みと書誌の同定

問46. TR フィールドに記述された責任表示は、TITLEKEY の検索対象とはならない。

問47. TR フィールドの本タイトルに『Bulletin. New series』と記述されているレコードを検索する場合に、「FTITLE=BulletinNewseries」は正しい検索キーである。

問48. FTITLEKEY は、TR フィールドと、VT フィールドのデータに対して作成される。

問49. ISSNKEY は、XISSN フィールドに記述されたデータからも作成される。

問50. AUTHKEY は、TR フィールドに記述された責任表示だけでなく、AL フィールドに記述された著者標目とヨミからも作成される。

問51. 雑誌書誌の場合、常に最新の出版者から検索するのが最も効率的である。

問52. TR フィールドの本タイトルに「四次元」を持つ資料を検索する場合に、「TITLE=4 ジゲン」は正しい検索キーである。

問53. TR フィールドの本タイトルに「X線」を持つ資料を検索する場合に、「TITLE=Xセン」は正しい検索キーである。

問54. タイトル、出版者などできるだけ多くの検索キーで AND 検索すると、より検索漏れの少ない結果が得られる。

問55. 検索キーとして検索画面に入力するローマ字は全角でも半角でもよいが、大文字と小文字は正しく区別して入力しなければならない。

問56. TR フィールドの本タイトルに『東京公害白書』と記述されているレコードを検索する場合に、「TITLE=公害白書」は正しい検索キーである。

問57. TR フィールドの本タイトルに『週刊東洋経済. 別冊』と記述されているレコードを検索する場合に、「TITLE=東洋　別冊」は正しい検索キーである。

問58. TR フィールドの本タイトルに『L'école scientifique』と記述されているレコードを検索する場合に、「TITLE=Lecole」は正しい検索キーである。

問59. TR フィールドの本タイトルに『亞細亞ノ文學』と記述されているレコードを検索する場合に、「TITLE=亜細亜　文学」は正しい検索キーである。

問60. TR フィールドの本タイトルに『新思潮. 第5次』と記述されているレコードを検索する場合に、「FTITLE=シンシチョウダイ5ジ」は正しい検索キーである。

問61. American Institute of Physics から出版されている雑誌を検索する場合に、「PUBL= Institute Physics」は正しい検索キーである。

問62. 復刻版の『明星』というタイトルの雑誌を検索する場合に、「TITLE=明星　復刻版」は正しい検索キーである。

問63. TR フィールドの本タイトルに『European journal of anthropology』と記述されているレコードを検索する場合に、「AKEY=eurjoa」は正しい検索キーである。

「総合目録－雑誌初級」第2回 | 67

- 書誌同定に関する次の問題のうち、正しい場合は○、間違っている場合は×としなさい。

問64. 手元の資料 A（表紙）は、検索結果の書誌レコード（ア）と同定してよい。

```
農家経済調査報告

1号　平成3年度

農林統計協会刊
農林水産省調査局編
```

資料 A（表紙）

```
TR: 農家経済調査報告 / 農林水産省調査局編||
ノウカ ケイザイ チョウサ ホウコク
VLYR: 平成3年度版（平3）·
PUB: 東京 : 農林水産省調査局 , 1992.3·
```

書誌レコード（ア）

問65. 手元の資料 B（タイトルページ）は、検索結果の書誌レコード（イ）と同定してよい。

```
STUDIES ON
EIGHTEENTH
CENTURY

    Number 3
    Summer 1987

London    Smith Press
```

資料 B（タイトルページ）

```
TR: The studies on 18th century
VLYR: No. 1 (winter 1986)·
PUB: London : Smith Press , 1986·
```

書誌レコード（イ）

問66. 手元の資料 C（表紙）は、検索結果の書誌レコード（ウ）と同定してよい。

```
梅香大学紀要
国文學編


1 号


2006 年春
```

資料 C（表紙）

```
TR:梅香大学紀要. 家政学編||バイコウ ダ
  イガク キヨウ. カセイガクヘン
VLYR: 1 号（2006.春)‑
```

書誌レコード（ウ）

問67. 手元の資料 D（タイトルページ）は、検索結果の書誌レコード（エ）と同定してよい。

```
Metropolitan


European edition




2009/4
```

資料 D（タイトルページ）

```
TR: Metropolitan
ED: North American ed
VLYR: 1998/3 (Mar. 1998)‑
```

書誌レコード（エ）

「総合目録－雑誌初級」 第2回 | 69

IV. 所蔵レコードの記入方法

● 次の枠内の書誌レコードに対して、所蔵年次（HLYR フィールド）の記述方法について正しい場合は〇、間違っている場合は×としなさい。

問68.

> VLYR: No. 1 (Jan. 1972)‐
> PUB: New York, N. Y. : A.P. Press , c1971‐

「No. 1」のみを所蔵登録する場合は、
「HLYR: 1972‐1972」と記述する。

問69.

> VLYR: 1 号 （1986/1987)‐6 号 （1992/1993)
> PUB: 横浜 : 水質調査会 , 1987‐1993

「1 号」から「6 号」までのすべてを所蔵登録する場合は、
「HLYR : 1986‐1993」と記述する。

問70.

> VLYR: 1 巻 1 号 （1960.1)‐8 巻 10 号 （1967.10）；81 号 （1967.11)‐96 号 （1968.5)
> PUB: 横浜 : みなと出版 , 1960‐1968

「1 巻 1 号」から最終号の「96 号」までのすべてを所蔵登録する場合は、
「HLYR: 1960‐1968」と記述する。

70 | 第2章 「総合目録-雑誌初級」過去問題

- 次の枠内の書誌レコードに対して、所蔵巻次（HLV フィールド）の記述方法について
  正しいものは○、間違っているものは×としなさい。

問71.

> VLYR: 平成3年師走号（平3.12)・
> FREQ: m（月刊）

「平成9年新年号」を登録する場合は、
「HLV: 9(1)」と記述する。

問72.

> TR: 異常気象学会学術大会講演集
> VLYR: 1巻1号（昭48.春季)・
> FREQ: f（年2回）
> NOTE: 春季と秋季の年2回開催

「1巻2号(昭48.秋季)」、「2巻1号(昭49.春季)」、「2巻2号(昭49.秋季)」、
「3巻1号(昭49.春季)」を所蔵登録する場合は、
「HLV: 1(2),2,3(1)」と記述する。

問73.

> VLYR: Spring 1982（spring 1982)・
> FREQ: q（季刊）

「spring 1982」、「summer 1982」、「winter 1982」を所蔵登録する場合は、
「HLV: 1982(1·2,4)」と記述する。

問74.

> VLYR: 1巻1号（1960.1)·10巻8号（1969.8)

「1巻1号」から「10巻2号」までのすべてを所蔵登録する場合は、
「HLV: 1·10(2)」と記述する。

「総合目録－雑誌初級」第2回 | 71

問75.

VLYR: 3. Jahrg., Heft 12 (Dez. 1976)-8. Jahrg., Heft 1 (Jan. 1981)
FREQ: m (月刊)

「7. Jahrg., Heft 12」と「8. Jahrg., Heft 1」を所蔵登録する場合は、
「HLV: 7(12),8」と記述する。

問76.

VLYR: 16 巻 3 号（1982.9)-24 巻 1 号（1990.1)
FREQ: q (季刊)

「16 巻 3 号」から「23 巻 4 号」までのすべてを所蔵登録する場合は、
「HLV: 16-23」と記述する。

問77.

VLYR: 1 巻 1 号（1998.1)-2 巻 4 号（1999.4)＝1 号（1998.1)-8 号（1999.4)；
9 号（1999.5)-15 号（1999.11)

初号から最終号まですべてを所蔵登録する場合は、
「HLV: 1-15」と記述する。

問78.

VLYR: 昭和 57 年度（昭 57)-昭和 63 年度（昭 63)；平成元年度（平 1)-
FREQ: a (年刊)

「昭和 60 年度」と「平成 3 年度」を所蔵登録する場合は、
「HLV: 60;3」と記述する。

- 次の設問について、正しい場合は○、間違っている場合は×としなさい。

問79. 「HLV: 6()·12()」という所蔵データは、6巻と12巻は欠号のある不完全巻、7巻、8巻、9巻、10巻、11巻は欠号のない完全巻であることを意味する。

問80. 1号(1998)·62号(2009)をすべて所蔵し、今後も受入予定である場合、登録所蔵データは次のとおりである。

```
HLV: 1·62
HLYR: 1998·2009
CONT: +
```

V. 総合

- 図1の雑誌の説明文で、正しい場合は○、間違っている場合は×としなさい。

図 1

問81. 「TITLE=本の雑誌　古本お宝鑑定団」は、図1の雑誌の正しい検索キーである。

問82. 奥付に「編集人　椎名誠」とあるので、「AUTH=椎名　誠」は図1の雑誌の正しい検索キーである。

問83. 図1の巻号のみを登録する場合、所蔵巻次（HLV）は「HLV: 35(6)」と記述する。

問84. 図1の雑誌の所蔵レコードを登録するのは、次の書誌レコードである。

GMD: SMD: YEAR:1976 CNTRY:ja TTLL:jpn TXTL:jpn ORGL:
REPRO: PSTAT:c FREQ:m REGL:r TYPE:p
ISSN:03854612 CODEN: NDLPN:00029674 LCCN: ULPN:0359700003 GPON:

TR: 本の雑誌||ホン ノ ザッシ
VLYR: 1号 (1976.春)-58号 (昭63.2)；13巻2号 (1988.5)- = 通巻59号 (1988.5)-
PUB: [東京]：本の雑誌社 , 1976-
NOTE: 刊行頻度の変更：隔月刊 (-58号 (昭63.2))→月刊 (13巻2号 (1988.5)-)
AL: 本の雑誌社||ホン ノ ザッシシャ <DA13424848>

- 図2の雑誌の説明文で、正しい場合は○、間違っている場合は×としなさい。

図 2

問85. 「TITLE=E　S　P」は図2の雑誌の正しい検索キーである。

問86. 図2の巻号のみを登録する場合、所蔵巻次（HLV）は「HLV: 2009(3・4)」と記述する。

問87. 図2の巻号のみを登録する場合、所蔵巻次（HLV）は「HLV: 441」と記述する。

問88. 「休刊するが、電子版として刊行の予定」とあるので、今後も電子版を受入れる予定があれば、所蔵レコードの「CONT: +」は削除する必要はない。

76 | 第2章 「総合目録－雑誌初級」過去問題

問89.　図2の雑誌の所蔵レコードを登録するのは、次の書誌レコードである。

GMD: SMD: YEAR:1972 1986 CNTRY:ja TTLL:eng TXTL:jpn ORGL:

REPRO: PSTAT:d FREQ:m REGL: TYPE:p

ISSN: CODEN: NDLPN:00000160 LCCN: ULPN:0394220001 GPON:

TR: ESP：economy, society, policy / 経済企画協会

VLYR: No. 1 (1972. 5)-no. 12 (1973. 4)；V. 2, no. 1 (1973. 5)-v. 4, no. 2 (1975. 6)

　；No. 39 (1975. 7)-no. 170 (June 1986)

PUB: 東京 ： 経済企画協会 ，1972-1986

VT: VT：Economy, society, policy

NOTE: 編集協力: 経済企画庁

FID:00292400

BHNT: CF： 月刊経済企画 / 経済企画協会 [編] <AN00301751>

BHNT: CS： 月刊 ESP： 経済社会政策 / 経済企画協会 <AN10070655>

AL: 経済企画協会 ‖ ケイザイ キカク キョウカイ <DA02268354>

AL: 経済企画庁 ‖ ケイザイ キカクチョウ <DA00901037>

問90.　図2の雑誌の所蔵レコードを登録するのは、次の書誌レコードである。

GMD: SMD: YEAR:1992 2009 CNTRY:ja TTLL:eng TXTL:jpn ORGL:

REPRO: PSTAT:d FREQ:m REGL:r TYPE:p

ISSN: CODEN: NDLPN:00000160 LCCN: ULPN: GPON:

TR: ESP：economy, society, policy / 経済企画協会

VLYR: No. 246 (1992.10)-no. 441 (2009.3・4)

PUB: 東京 ： 経済企画協会 ，1992-2009

PHYS: 冊 ；26cm

VT: VT：Economy, society, policy

NOTE: 編集協力: 経済企画庁 (-no. 344 (2000.12))→内閣府 (no. 345 (2001.1)-)

NOTE: 冊子体休刊後 Web 版公開(エンバーゴあり)

NOTE: URL: http://www.epa.or.jp/esp/update.html

FID:00292400

BHNT: CF： 月刊 ESP： 経済社会政策 / 経済企画協会 <AN10070655>

AL: 経済企画協会 ‖ ケイザイ キカク キョウカイ <DA02268354>

AL: 経済企画庁 ‖ ケイザイ キカクチョウ <DA00901037>

AL: 内閣府 ‖ ナイカクフ <DA12915083>

「総合目録-雑誌初級」第2回 | 77

- 図3の雑誌の説明文で、正しい場合は○、間違っている場合は×としなさい。

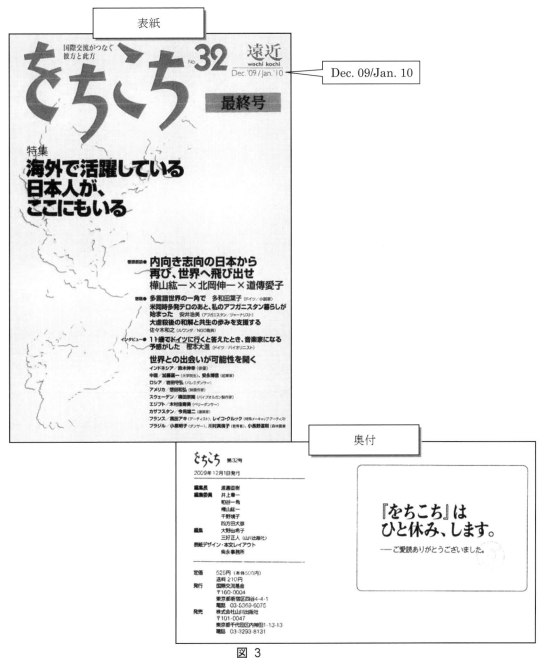

図 3

78 | 第2章 「総合目録－雑誌初級」過去問題

問91. 「TITLE= オチコチ」「TITLE= ヲチコチ」は、どちらも図3の雑誌の正しい検索キーである。

問92. 図3の巻号のみを登録する場合、所蔵年次（HLYR）は「HLYR: 2010-2010」と記述する。

問93. 「最終号」の情報があり、休刊情報の記事も掲載されているので、図3の号を登録する場合、所蔵レコードに「CONT: +」を記入するのは誤りである。

問94. 図3の雑誌の所蔵レコードを登録するのは、次の書誌レコードである。

GMD: SMD: YEAR:2004 2009 CNTRY:ja TTLL:jpn TXTL:jpn ORGL:
REPRO: PSTAT:d FREQ:b REGL:r TYPE:p
ISSN: CODEN: NDLPN: LCCN: ULPN: GPON:

TR: 遠近 ： 国際交流がつなぐ彼方と此方：wochi kochi： をちこち || オチコチ：コクサイ コウリュウ ガ ツナグ カナタ ト コナタ：wochi kochi：オチコチ
VLYR: 1 号（Oct./Nov. 2004)-32 号（Dec. 09/Jan. 10)
PUB: 東京 ： 国際交流基金
PUB: [東京]：山川出版社（発売), 2004.10-2009.12
PHYS: 32 冊 ; 26cm
VT: VT：wochikochi
FID:41595400
BHNT: CF：国際交流 / 国際交流基金 [編] <AN00294372>
AL: 国際交流基金 || コクサイ コウリュウ キキン <DA00208351>

- 図4の雑誌の説明文で、正しい場合は○、間違っている場合は×としなさい。

図 4

問95. 「CODEN＝ACIEFS」は、図４の雑誌の正しい検索キーである。

問96. 図４の雑誌の「Vol. 30, no. 1」から、図４にある号までを欠号なく登録する場合、
所蔵巻次（HLV）は「HLV: 30-49」と記述する。

問97. 図４の雑誌の所蔵レコードを登録するのは、次の書誌レコードである。

GMD: SMD: YEAR:1949 CNTRY:gw TTLL:ger TXTL:ger ORGL:

REPRO: PSTAT:c FREQ:s REGL:r TYPE:p

ISSN:00448249 CODEN:ANCEAD NDLPN: LCCN:13003396 ULPN:0A2200Y GPON:

TR: Angewandte Chemie / Gesellschaft Deutscher Chemiker

VLYR: Jg. 61, Nr. 1 (Jan. 1949)-

PUB: Weinheim : Verlag Chemie , 1949-

PHYS: v. : ill. ; 30 cm

VT: AB : Angew. Chem

VT: KT : Angewandte Chemie

FID:20060400

BHNT: CF : Angewandte Chemie. Ausgabe A, Wissenschaftlicher Teil <AA00525349>

AL: Gesellschaft Deutscher Chemiker <DA00798153>

SH: LCSH : Chemistry -- Periodicals // K

- 図5の雑誌の説明文で、正しい場合は○、間違っている場合は×としなさい。

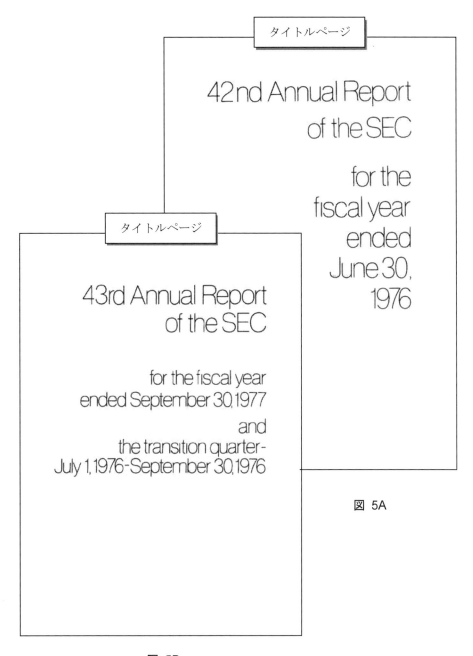

図 5A

図 5B

82 | 第2章 「総合目録－雑誌初級」過去問題

問98. 図5の雑誌を検索する場合、「TITLE ＝ Annual report Ｓ　Ｅ　Ｃ」は正しい検索キーである。

問99. 図5の雑誌を登録するのは、次の書誌レコードである。

```
GMD:  SMD:  YEAR: 1965 2004 CNTRY: us  TTLL: eng  TXTL: eng  ORGL:

REPRO:  PSTAT: d  FEQ: a  REGL: r  TYPE: p

ISSN:  CODEN:  NDLPN:  LCCN: 85018815  ULPN: A167304  GPON:


TR: Annual report / Securities and Exchange Commission.

VLYR: 30th (1964)-64th (1998) ; 1999 (1999)-2003 (2003).

PUB: Washington, D.C. : U.S. G.P.O. , 1965-2004

VT: OH: Annual report of the SEC

VT: OH: U.S. Securities and Exchange Commission annual report

VT: OH: United States Securities and Exchange Commission annual report

VT: OH: SEC annual report

NOTE: "For the fiscal year ended June 30"--T.p. of 30th (1964)-42nd (1976)

NOTE: "For the fiscal year ended Sept. 30"--T.p. of 43rd (1977)-

NOTE: 41st (1975)-44th (1978) have title: Annual report of the SEC

NOTE: 64th (1998) has spine title: U.S. Securities and Exchange Commission annual report

NOTE: "99"- has title: SEC annual report ; "99"- has spine title: United States Securities and
Exchange Commission annual report

FID: 30226100

BHNT: CF: Annual report of the Securities and Exchange Commission <AA10502984>

BHNT: CS: Performance and accountability report / U.S. Securities and Exchange Commission
<AA12085709>

AL: United States. Securities and Exchange Commission <DA01552374>
```

問100. 図5の雑誌 Ａ と Ｂ の2冊を所蔵登録する場合、所蔵年次（HLYR）は「HLYR: 1976-1977」と記述する。

（終）

83

IAAL 大学図書館業務実務能力認定試験

「総合目録－雑誌初級」　第 3 回（2011 年 6 月 5 日）

試 験 問 題

- 「総合目録－雑誌初級」では、NACSIS-CAT を正確かつ効率的に検索し、所蔵登録ができる能力があることを評価します。
- 設問で問う書誌レコードは、NACSIS-CAT の入力基準に合致した、正しい記述がなされている書誌を想定しています。書誌レコードは正しい記述がなされているという前提で解答してください。
- 設問中にある書誌レコードは、「目録システムコーディングマニュアル」に準拠しています。

注意事項

1. **指示があるまで開いてはいけません。**

2. 問題は 100 題で、解答時間は 50 分です。

3. 設問の番号と解答用紙の番号は対になっています。設問に対応する解答にマークされているか、十分注意してください。

4. この試験問題は、後で回収します。切り取ったり、転記したり、持ち帰ったりしてはいけません。

5. 解答用紙は機械処理しますので、折ったり曲げたりしないでください。

　「＊」がついている問いは、終了もしくは変更が生じたサービスが含まれているため、2018 年 4 月時点では問題文として成立しないものです。

NPO 法人大学図書館支援機構

84 | 第2章 「総合目録－雑誌初級」過去問題

以下の 100 題は、NACSIS-CAT についての説明文です。正しい場合はマークシート欄の〇を、間違っている場合はマークシート欄の×をぬりつぶしてください。

I. 総合目録の概要

問1. 総合目録データベースのように、参加館が分担して目録を作成する方法を共同分担入力方式という。

問2. 総合目録データベースは NACSIS-ILL（図書館間相互貸借システム）でも利用されているが、NACSIS-ILL では総合目録データベースの更新内容が即時に反映されていない。

＊問3. NACSIS-CAT のサービス時間外は、NACSIS Webcat 及び Webcat Plus も利用することができない。

問4. 各参加館は総合目録データベースの書誌データをダウンロードすることができ、自館の OPAC 構築や、受入業務、閲覧業務等にも活用することができる。

問5. 総合目録データベース内には和資料ファイルと洋資料ファイルがあり、その中にそれぞれ図書書誌ファイルと雑誌書誌ファイルがある。

問6. 所蔵ファイルには、図書所蔵ファイルと雑誌所蔵ファイルと典拠所蔵ファイルの3種類がある。

問7. 標目の形を管理するための典拠ファイルには、著者名典拠ファイルと統一書名典拠ファイルがある。

問8. 参照ファイル内のレコードは、他の目録作成機関等によって作成された MARC を総合目録データベースのレコード形式にあわせて変換したものである。

問9.　参照ファイルのうち、図書書誌ファイル及び雑誌書誌ファイルは総合目録データ
ベースの内部に置かれている。

問10.　図書か雑誌かの判断がつきにくい資料は、同一の資料であっても、図書書誌ファイ
ルと雑誌書誌ファイルの両方に登録されていることがある。

問11.　総合目録データベースは複数のファイルの集まりであり、書誌レコードなどのレ
コードはこれらのファイルに収録されている。

問12.　レコードには、参加館が共有しているレコードと参加館固有のレコードがあり、書
誌レコード、典拠レコードは前者に該当する。

問13.　書誌レコードを修正する場合は、いかなる場合でも作成館と連絡をとり、修正の可
否を検討してもらわなければならない。

問14.　書誌レコードの削除が必要な場合は、書誌自体は修正せず、その書誌レコード ID
を国立情報学研究所へ連絡することになっている。

問15.　雑誌書誌レコードに関するリンク関係は、書誌レコードと所蔵レコード、書誌レ
コードと著者名典拠レコード、書誌レコードとタイトル変遷レコードの3種類である。

問16.　所蔵レコードは、1書誌レコードに対して参加組織ごとに1レコードを作成するの
が原則であり、複数の配置コードがある場合は、所蔵レコードの配置コードの繰り
返しで表現する。

問17.　雑誌書誌レコードの階層関係は、逐次刊行物書誌単位のレコードの TR フィールド
に、本タイトルの共通タイトルと従属タイトルとして記録することを原則とする。

問18.　著者名典拠レコードから書誌レコードをリンク参照する場合、書誌レコードの AL
フィールドでリンクが形成されていなくても、その著者標目形が正しく記述されて
いればリンク参照が可能である。

問19. 書誌レコードとタイトル変遷レコードとのリンク形成には、FID フィールドおよび BHNT フィールドが使用される。

問20. 参照ファイル内のレコードも、総合目録データベースのレコードと同様の手順で修正あるいは削除することができる。

問21. 現在の参照ファイルはすべて、情報検索プロトコル Z39.50 を用いて、直接、該当する書誌ユーティリティへの検索利用を可能とする「目録システム間リンク」という方式を採用している。

問22. 『目録情報の基準』は、総合目録データベースの構造や各レコードの作成単位に関する解説のほか、文字入力の原則や、分かち書きの原則と実例等を示したものである。

問23. 『日本目録規則』や『英米目録規則』で定められている規則は、すべて『目録システムコーディングマニュアル』に記載されている。

問24. 『日本目録規則』『英米目録規則』のいずれを適用するかについては、その資料が最初に出版された国・地域によって決められる。

問25. 各レコードのデータ要素を区切る記号は、原則として ISBD（国際標準書誌記述）の区切り記号法に準拠している。

問26. 書誌レコードは、字形のわずかな違いや特殊文字、記号等が、省略されたり置き換えられて記述されている場合もある。

問27. 各目録規則及び『目録システムコーディングマニュアル』では各フィールドの情報源として資料の部位を規定しているため、書誌に記述されている内容はすべて当該資料のいずれかに記載されている情報である。

問28. 登録されたレコードのデータからは、一定の規則（正規化）にそった検索用インデクスが作成されるが、検索時にキーボード等から入力された検索キーは正規化されないため、検索時には注意が必要である。

問29. 旧字体と新字体や、「斉」「斎」「齋」といった表記が違う漢字であっても、漢字統合インデクスによる正規化が行われるため、字体の違いを意識することなく検索することが可能となっている。

問30. ストップワードとは検索用インデクスから除外される語のことで、日本語の接続詞がこれに該当する。

II. 各レコードの特徴

問31. 独自の巻号付けを持つ付録・補遺資料は、本体の雑誌とは別書誌である。

問32. 巻次体系が刊行途中で「1巻1号」に戻った場合は、タイトルに変化がなくてもタイトル変遷とみなす。

問33. 雑誌が①「タイトルA」　→　②「タイトルB」　→　③「タイトルA」のような変化をした場合、タイトルが同じであっても、①と③は別書誌である。

問34. 電子ジャーナルの書誌レコードは最新号に基づいて記述されている。

問35. 「1巻1号」と表示されていても、必ずしも「初号」とは限らない。

問36. 典拠レコードは通常、1つ以上の書誌レコードとリンクが形成されている。

問37. 著者名典拠の機能の一つは、検索が予想される他の表記形をレコード内に記述することで、同一著者に対する多面的な検索を可能にすることである。

問38. 書誌レコードの AL フィールドでリンクされている著者名典拠レコードは、別団体でも名称が同じならば同一のレコードである

問39. 著者名典拠レコードにおいて、団体の内部組織が標目となることはない。

問40. タイトル変遷レコードをリンク参照することで、直前直後の書誌レコードだけでなく、「前々誌」や「後々誌」等、同じ変遷ファミリーに属するレコードを辿ることができる。

問41. 「NOTE: 変遷前誌: ○○」のような注記が記述されている書誌レコードは、自動的に変遷リンクが形成されている。

問42. 同一書誌レコードに対して、同一参加組織及び同一配置コードについては、2つ以上の所蔵レコードを登録することはできない。

問43. 情報源に「通号 261 号」とだけ表示されている場合、所蔵レコードでは「261」は巻レベルとして扱う。

問44. 所蔵範囲内に巻次変更がある場合は、HLV、HLYR に「△;△（スペース、セミコロン、スペース）」を記述する。

問45. 書誌レコードの巻次・年月次(VLYR フィールド)に複数の方式の巻次体系が記述されている場合は、所蔵登録にあたってどちらを選択するかは参加館に任されている。

III. 検索の仕組みと書誌の同定

問46. TITLEKEY は、TR フィールドのほか、VT フィールドからも作成される。

問47. ストップワードは、AUTHKEY にならない。

問48. PUB フィールドの出版者は、ヨミからも検索できる。

問49. TR フィールドの本タイトルとして「The American law」と記述されている書誌レコードを検索する場合、「FTITLE=Americanlaw」は正しい検索キーである。

問50. TR フィールドの本タイトルに「群馬県立」と記述されている書誌レコードを検索する場合、「TITLE=グンマ　ケンリツ」は正しい検索キーである。

問51. TR フィールドの本タイトルに「0歳児」と記述されている書誌レコードを検索する場合、「TITLE=レイサイジ」は正しい検索キーである。

問52. TR フィールドの本タイトルに「Google」と記述されている書誌レコードを検索する場合、「TITLE=グーグル」は正しい検索キーである。

問53. TR フィールドの本タイトルに「新農業技術」と記述されている書誌レコードを検索する場合、「TITLE=新　農業技術」は正しい検索キーである。

問54. TR フィールドの本タイトルに「L'œuf　dur」と記述されている書誌レコードを検索する場合、「TITLE=OEUF」は正しい検索キーである。

問55. TR フィールドの本タイトルに「The women's annual」と記述されている書誌レコードを検索する場合、「TITLE=womens annual」は正しい検索キーである。

問56. TRフィールドの本タイトルに「Cahiers d'histoire」と記述されている書誌レコードを検索する場合、「TITLE=cahiers histoire」は正しい検索キーである。

問57. TRフィールドの本タイトルとして「Clinical performance and quality health care」と記述されている書誌レコードを検索する場合、「AKEY=clipaq」は正しい検索キーである。

問58. PUBフィールドの出版者等に「H.M.S.O.」と記述されている書誌レコードを検索する場合、「PUBL=HMSO」は正しい検索キーである。

問59. 前方一致検索は、必ず2文字以上の検索キーの末尾に「*（アスタリスク）」を指定して行う。

問60. 複数の検索キーを組み合わせたAND検索を行うと、ヒット件数を絞り込むことができる。

問61. 検索キーとして検索画面に入力された仮名は、カタカナとひらがなを区別して検索される。

問62. XISSNフィールドに記述された、桁数が不足している誤植のISSNは、ISSNKEYの検索対象とならない。

問63. 検索キーとして検索画面に入力する場合、長音符は省略して良い。すなわち「デタ」と入力しても「データ」を検索することができる。

- 書誌同定に関する次の問題のうち、正しい場合は○、間違っている場合は×としなさい。

問64. 手元の資料 A（タイトルページ）は、検索結果の書誌レコード（ア）と同定してよい。

```
       JAMAICA REVIEW
           Vol. 1
         1936/1937

    Reprinted by permission of
        original publisher

         Kraus Reprint
        Millwood, N.Y.
            2009
```

資料 A（タイトルページ）

```
TR:Jamaica review
VLYR:Vol. 1, no. 1 (Jan. 1936)-
PUB:Kingston：Smith , 1936-
```

書誌レコード（ア）

問65. 手元の資料 B（表紙）は、検索結果の書誌レコード（イ）と同定してよい。

```
      おさかな普及センター
           便覧

           8 号
           2003
```

資料 B（表紙）

```
TR:おさかな普及センター便覧||
    オサカナ　フキュウ　センター　ベンラン
VLYR:1 号（1996)-
PUB:[東京]：おさかな普及センター , 1996-
```

書誌レコード（イ）

92 | 第2章 「総合目録−雑誌初級」過去問題

問66. 手元の資料C（表紙）は、検索結果の書誌レコード（ウ）と同定してよい。

文　學

第2巻第1號
昭和26年1月號

文學研究会

資料C（表紙）

TR:文學||ブンガク
VLYR:1号（1978)-20号（1981）
PUB:東京 ： 文學研究会 , 1978-1981
FID:00111300
BHNT:CF:青年文學<AN00111222>
BHNT:CS:文學展望<AN00123456>

書誌レコード（ウ）

問67. 手元の資料D（表紙）は、検索結果の書誌レコード（エ）と同定してよい。

研究報告

昭和61年度版

宮城県立農業センター

資料D（表紙）

TR:研究報告 / 宮城県立農事試験場||
　　ケンキュウ　ホウコク
PUB:仙台 ： 宮城県立農事試験場
NOTE:記述は昭和52年度による

書誌レコード（エ）

IV. 所蔵レコードの記入方法

- 次の枠内の書誌レコードに対して、所蔵年次（HLYR フィールド）の記述方法について正しい場合は○、間違っている場合は×としなさい。

問68.

> **VLYR:**1 号（2011.1)-
> **PUB:**東京 ： 講談社 , 2010.12-

「1 号」（2011 年 1 月号, 2010 年 12 月発行）のみを所蔵登録する場合は、「HLYR: 2011-2011」と記述する。

問69.

> **VLYR:**昭和 48 年度（昭 48)-昭和 53 年度（昭 53）
> **PUB:**平塚 ： 平塚市教育委員会 , 1973-1978

「昭和 48 年度」から「昭和 53 年度」までを間に欠号なく所蔵登録する場合は、「HLYR: 48-53」と記述する。

問70.

1972/1973 年版	1974/1975 年版	1976/1977 年版
1974 年 3 月発行	1976 年 3 月発行	1978 年 3 月発行

上記の 3 点の雑誌を所蔵登録する場合は、「HLYR: 1972-1977」と記述する。

94 | 第2章 「総合目録－雑誌初級」過去問題

- 次の枠内の書誌レコードに対して、所蔵巻次（HLV フィールド）の記述方法について正しいものは○、間違っているものは×としなさい。

問71.

> **VLYR:**Jan. 2008 (Jan. 2008)-
> **FREQ:**m（月刊）

　「June/July 2009」のみを所蔵登録する場合は、
「HLV: 2009(6-7)」と記述する。

問72.

> **VLYR:**平成 18 年秋季号（平 18.秋季)-平成 19 年春季号（平 19.春季）；
> 　　　　 3 号（平 19.秋季)-
> **FREQ:**f（年 2 回）

　「平成 18 年秋季号」、「平成 19 年春季号」、「3 号」、「4 号」を
所蔵登録する場合は、「HLV: 18-19;3-4」と記述する。

問73.

> **VLYR:**Vol. 5, no. 4 (Apr. 1998)-v. 11, no. 9 (Sept. 2004)
> **FREQ:**m（月刊）

　「Vol. 11, no. 1 (Jan. 2004)」から「Vol. 11, no. 9 (Sept. 2004)」までを
間に欠号なく所蔵登録する場合は、「HLV: 11」と記述する。

問74.

> **VLYR:**T. 2, no 4 (avril 1997)-t. 8, no 3 (mars 2003)

　「T. 2, no 4」から「t. 8, no 3」までを間に欠号なく所蔵登録する場合は、
「HLV: 2-8」と記述する。

問75.

> **VLYR:**平成 10 年上期（平 10.上)-平成 18 年上期（平 18.上）
> **FREQ:**f（年 2 回刊）

「平成 17 年下期」と「平成 18 年上期」を所蔵登録する場合は、
「HLV: 17(2),18(1)」と記述する。

問76. 「創刊準備号」、「創刊号」、「2 号」の順で刊行された雑誌について、「創刊準備号」
から「2 号」までを間に欠号なく所蔵登録する場合は、「HLV: 0-2」と記述する。

問77.

> **VLYR:**2 巻 3 号（1987.3)-9 巻 5 号（1994.5）
> **FREQ:**m（月刊）

「2 巻 3 号（1987.3)」から「9 巻 5 号（1994.5)」までを間に欠号なく
所蔵登録する場合は、「HLV: 2(3)-9(5)」と記述する。

問78.

> **VLYR:**1 巻 1 号（1998.1)-6 巻 7 号（2003.7）
> **FREQ:**m（月刊）

「1 巻 1 号（1998.1)」から「3 巻 5 号（2001.5)」までを間に欠号なく
所蔵登録する場合は、「HLV: 1-3(5)」と記述する。

問79. 「HLV: 8()-15()」という所蔵データは、所蔵最古の 8 巻と所蔵最新の 15 巻は不完全巻という意味で、間の 9 巻から 14 巻については、完全巻の場合も不完全巻の場合もある。

問80. 1 号 (1992.夏)から最新号の 35 号 (2011.春)までを間に欠号なく所蔵し、今後も受入予定である場合、所蔵レコードの記述は次の通りである。

```
HLV:1-35
HLYR:1992-2011
CONT:+
```

V. 総合

- 図1の雑誌の説明文で、正しい場合は〇、間違っている場合は×としなさい。

問81. 「TITLE=METROPOLITAN PUBLIC HEALTH」は、図1の雑誌の正しい検索キーである。

問82. 「CODEN=TKAKC7」は図1の雑誌の正しい検索キーである。

問83. 図1の号を単独で所蔵登録する場合は、「HLYR: 2010-2010」と記述する。

- 図2の雑誌の説明文で、正しい場合は○、間違っている場合は×としなさい。

図2

問84.　「TITLE=猫ノ手帖」は、図2の雑誌の正しい検索キーである。

問85.　「PUBL=猫の文化社」は、図2の雑誌の正しい検索キーである。

問86.　図2の号を単独で所蔵登録する場合は、「HLV: 88(7)」と記述する。

問87.　図2の雑誌の所蔵レコードを登録するのは、次の書誌レコードである。

GMD: SMD: YEAR:197- **CNTRY:**ja **TTLL:**jpn **TXTL:**jpn **ORGL:**
REPRO: PSTAT:c **FREQ:**m **REGL: TYPE:**p
ISSN:03873838 **CODEN: NDLPN:**00032068 **LCCN: ULPN: GPON:**

TR:猫の手帖 | | ネコ　ノ　テチョウ
PUB:東京 ： 猫の手帖社
NOTE:記述は 10 巻 3 号 （1987.3)による
NOTE:10 巻 3 号 （1987.3)には通巻 89 号の表示もあり
AL:猫の手帖社 | | ネコ　ノ　テチョウシャ<>

書誌レコード

- 図3の雑誌の説明文で、正しい場合は○、間違っている場合は×としなさい。

図3

問88.　図３の雑誌の所蔵レコードを登録するのは、次の書誌レコードである。

GMD: SMD: YEAR:1963 **CNTRY:**ja **TTLL:**jpn **TXTL:**jpn **ORGL:**

REPRO: PSTAT:c **FREQ:**w **REGL:**r **TYPE:**p

ISSN:13435736 **CODEN: NDLPN:**00010689 **LCCN: ULPN:**0087190007 **GPON:**

TR:週刊社会保障 / 社会保険法規研究会||シュウカン　シャカイ　ホショウ

VLYR: Vol. 17, no. 196 (昭 38.4)-

PUB:東京 ： 社会保険法規研究会 , 1963-

PHYS:冊 ；26cm

VT:VT: 社会保障||シャカイ　ホショウ

NOTE:責任表示・出版者変更: 社会保険法規研究会 (-46 巻 1704 号 (1992.8))
　　　→法研 (46 巻 1705 号 (1992.9)-)

FID:00095000

BHNT:CF：月刊社會保障 = Social security / 社会保険法規研究會 <AN00274998>

AL:社会保険法規研究会||シャカイ　ホケン　ホウキ　ケンキュウカイ <DA01265973>

AL:法研||ホウケン <DA09257345>

書誌レコード

問89.　その他のタイトル（VT）が記述されていない場合には、「TITLE=社会保障」で検索してもこの書誌レコードはヒットしない。

問90.　所蔵検索において、「HLV: 65()」と記述されている所蔵レコードは、「HLV=65(2616)」と入力して検索した場合にはヒットしない。

問91.　最近２年分しか保存（所蔵）しないという運用をしている場合、所蔵レコードには「HLV:*(*)」と記述する。

- 図4の雑誌の説明文で、正しい場合は○、間違っている場合は×としなさい。

図4

問92. 図4の雑誌をISSNで検索する場合、ハイフンを入れず「00442828」と入力し検索した場合、正しい検索結果は得られない。

問93. 図4の雑誌のタイトル中にある「für」は、ストップワードである。

問94. 図4の号のみを所蔵登録する場合は、「HLV: 57(7/8)」と記述する。

- 図5の雑誌の説明文で、正しい場合は〇、間違っている場合は×としなさい。

図5

問95. 「TITLE= Chemical communications」で検索すると、タイトル中の語「chemical」と「communications」の論理和による検索結果が得られる。

問96. 図5の雑誌の所蔵レコードを登録するのは、次の書誌レコードである。

GMD: SMD: YEAR:1965 1968 **CNTRY:**uk **TTLL:**eng **TXTL:**eng **ORGL:**
REPRO: PSTAT:d **FREQ: REGL:**r **TYPE:**p
ISSN:05776058

TR: Chemical communications / Chemical Society, London
VLYR:1965/1 (13 Jan. 1965)-1968/24 (18 Dec. 1968)
PUB: London : Chemical Society, London , c1965-c1968
FID:20214700
BHNT:CF: Proceedings of the Chemical Society<AA00782975>
BHNT:CS: Journal of the Chemical Society. D, Chemical
　　　　communications<AA00247075>
AL: Chemical Society (Great Britain)

書誌レコード

問97. 次の書誌レコードは、図5の雑誌とは媒体が異なる機械可読データファイルのレコードである。

GMD:w **SMD:**r **YEAR:**1996 **CNTRY:**uk **TTLL:**eng **TXTL:**eng **ORGL:**
REPRO: PSTAT:c **FREQ:**w **REGL:**r **TYPE:**p
ISSN:1364548X **CODEN:**CHCOFS

TR: Chem comm. : chemical communications / the Royal Society of Chemistry
VLYR:1996, issue 1 (7 Jan. 1996)-
PUB: Cambridge, U.K. : Royal Society of Chemistry , c1996-
NOTE: Description based on: 46, issue 11 (2010)
NOTE: Title from title screen
NOTE: Access:via World Wide Web
VT:VT: ChemComm
AL: Royal Society of Chemistry (Great Britain)
IDENT:http://www.rsc.org/Publishing/Journals/CC/Index.asp

書誌レコード

問98. 所蔵レコードが以下の「修正前」のように登録されており、図5の号をもって受入を中止する場合、所蔵レコードは以下の「修正後」のとおり修正する。（なお、この雑誌は年に48回発行されている。）

```
修正前    HLV: 46,47(1-5)    CONT:+
修正後    HLV: 46,47(1-47)   CONT:
```

- 図（A）は図5の雑誌の変遷マップである。

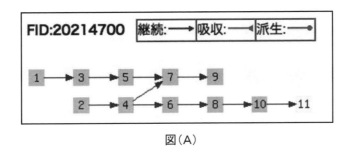

図（A）

問99. 図（A）の変遷ファミリーの中で、継続刊行中の可能性がある雑誌は「9」と「11」のみである。

問100. 図（A）にある「7」は、「4」と「5」から派生した雑誌である。

(終)

IAAL 大学図書館業務実務能力認定試験

「総合目録－雑誌初級」　第 4 回（2011 年 11 月 20 日）

試 験 問 題

- 「総合目録－雑誌初級」では、NACSIS·CAT を正確かつ効率的に検索し、所蔵登録ができる能力があることを評価します。
- 設問中で問う書誌レコードは、NACSIS·CAT の入力基準に合致した、正しい記述がなされている書誌を想定しています。書誌レコードは正しい記述がなされているという前提で解答してください。
- 設問中にある書誌レコードは、「目録システムコーディングマニュアル」に準拠しています。

注意事項

1. **指示があるまで開いてはいけません。**

2. 問題は 100 題で、解答時間は 50 分です。

3. 設問の番号と解答用紙の番号は対になっています。設問に対応する解答にマークされているか、十分注意してください。

4. この試験問題は、後で回収します。切り取ったり、転記したり、持ち帰ったりしてはいけません。

5. 解答用紙は機械処理しますので、折ったり曲げたりしないでください。

「＊」がついている問いは、終了もしくは変更が生じたサービスが含まれているため、2018 年 4 月時点では問題文として成立しないものです。

NPO 法人大学図書館支援機構

110 | 第2章 「総合目録－雑誌初級」過去問題

以下の 100 題は、NACSIS-CAT についての説明文です。正しい場合はマークシート欄の〇を、間違っている場合はマークシート欄の×をぬりつぶしてください。

I. 総合目録の概要

問1. 総合目録データベースの雑誌に関しては、『学術雑誌総合目録』の書誌データ、所蔵データを引き継いで形成されている。

問2. NACSIS-ILL では、NACSIS-CAT 参加館により形成された、最新の総合目録データベースを利用できる。

*問3. NACSIS Webcat は、総合目録データベース及び参照ファイルを検索できるシステムである。

問4. NACSIS-CAT 参加館は総合目録データベースのデータをダウンロードできるが、そのデータの利用範囲は目録業務のみに限定されている。

問5. 雑誌書誌ファイルは、書誌レコード ID が AA で始まるものを収めた洋雑誌ファイルと、AN で始まるものを収めた和雑誌ファイルの2つのファイルに分かれている。

問6. 雑誌所蔵ファイルには、和雑誌所蔵ファイルと洋雑誌所蔵ファイルがある。

問7. 著者名典拠ファイルに収録されているレコードの標目には、個人名、団体名及び会議名がある。

問8. タイトル変遷ファイルは、NACSIS-CAT 参加館における書誌調整作業によって構築される。

問9. 参照ファイルとは、他の目録作成機関で作成した MARC を総合目録データベースのファイル形式に合わせて変換したものである。

問10. 図書扱いと雑誌扱いの境界領域の資料について、個々の巻号に個別のタイトルが存在する場合でも、雑誌書誌ファイルにおいては、逐次刊行物書誌単位でレコードが作成されている。

問11. 雑誌書誌レコードが収録されているファイルを雑誌書誌ファイルといい、雑誌所蔵レコードが収録されているファイルを雑誌所蔵ファイルという。

問12. 総合目録データベースにおける共有レコードは、書誌レコード、所蔵レコード、典拠レコード、タイトル変遷レコードであり、参加組織の固有レコードは、参加組織レコードである。

問13. 参加組織レコードの配置コードの変更は、国立情報学研究所に申請して行う。

問14. 所蔵レコードとのリンクが0件になった書誌レコードは、NACSIS-CAT参加館が総合目録データベースから削除することができる。

問15. 1つの所蔵レコードは、1つの書誌レコードに対してのみリンク関係を持つことができる。

問16. 著者名典拠レコードの統一標目形を修正すると、そこにリンクされているすべての書誌レコードの著者標目形に、修正内容が反映される。

問17. 所蔵レコードの登録を行うことで、所蔵レコードと書誌レコードとのリンクが自動的に形成される。

問18. 雑誌書誌レコードのNOTEフィールドに、変遷関係に関する内容が記述されていても、BHNTフィールド、FIDフィールドにデータが記述されていない場合には、変遷関係リンクは形成されていない。

問19. BHNTフィールドをリンク参照することで、タイトル変更前と変更後の雑誌書誌レコードを参照できる。

問20. 総合目録データベース内に求める書誌レコードがない場合、参照ファイル内の書誌レコードに所蔵を登録することができる。

問21. 総合目録データベースでは、情報検索プロトコル Z39.50 を用いた目録システム間リンクにより、直接、国内大学図書館の OPAC 検索が可能となる。

問22. 雑誌書誌レコードの作成単位については、『目録情報の基準』に記載されている。

＊問23. 目録システムコーディングマニュアルの改訂内容は、「NACSIS·CAT/ILL ニュースレター」の付録として配布されている。

問24. 『日本目録規則』『英米目録規則』のいずれを適用するかについては、その資料が出版された国・地域によって決められている。

問25. 各フィールドの区切り記号は、システムがデータ要素を識別するための「しるし」である。

問26. NACSIS·CAT のタイトルの検索は、検索キーとタイトルの文字列との部分一致ではなく、検索キーと予め切り出された検索用インデクスとの照合により行われる。

問27. タイトルの検索キーを指定する場合は、検索用インデクスがデリミタごとに切り出されることを考慮する必要がある。

問28. 検索用インデクス作成では、「ヰ」「ヱ」「ヲ」は、「イ」「エ」「オ」に正規化される。

問29. 漢字統合インデクスは、似た字形や同じ意味の漢字を含めて検索するための仕組みである。

問30. ストップワードとは、検索用インデクスから除外される語のことで、「%」「@」「&」は、これに該当する。

II. 各レコードの特徴

問31. 複数の原誌を含んでいる合刻複製は、複製時に付与されたタイトルの単位で1書誌レコードが作成されている。

問32. 本タイトルが刊行途中で変更になった場合、一定の基準に従って「タイトル変遷」と判断されれば、新規に書誌レコードが作成される。

問33. 刊行の途中で出版者が変わった場合、変更前と変更後それぞれの書誌レコードが作成されている。

問34. 雑誌の書誌レコードは、親書誌・子書誌といった階層構造で表現される。

問35. 雑誌の書誌レコードの記述は、初号もしくは最古号に基づいて作成されている。

問36. 責任表示の編者として、日本の学会名が欧文表記で記述されている書誌レコードを日本語表記から検索することができるのは、著者名典拠レコードの SF フィールドの機能による。

問37. タイトル変遷がある場合には、「その他のタイトル」として注記されており、前後誌を参照することができる。

問38. 雑誌のタイトルが変遷していることを発見した場合は、国立情報学研究所に報告して、新規に書誌レコードが作成されてから所蔵レコードを作成する。

問39. 所蔵レコードの作成単位は、配置コードごとに1レコードを作成する。

問40. 所蔵レコードにおいて、雑誌の順序付けを表す巻次と年次は、リンクする書誌レコードの巻次・年月次の範囲内で記述する。

問41. 書誌レコードに巻次・年月次が記述されていない場合は、所蔵レコードの巻次と年次も記述できない。

問42. 書誌レコードの VLYR(巻次・年月次)フィールドに「1 巻 1 号 (2001.1)- = 通巻 15 号 (2001.1)-」のように複数の巻次体系が記述されている場合、所蔵レコードの記入法はどちらの体系を採用してもよい。

問43. 「Vol.」「no.」「pt.」のように 3 階層の番号付けがある雑誌の所蔵は、pt.のレベルをすべて所蔵している場合に、その no.を所蔵していると解釈する。

問44. その雑誌の順序付けを表すものが「平成 23 年版」という表記しかない場合、「23」を巻次と捉える。

問45. 巻次の体系が変わった際には、タイトル変遷として別書誌レコードが作成されない限り、所蔵レコードを登録することができない。

III. 検索の仕組みと書誌の同定

問46. 以下の TR フィールドで、TITLEKEY が切り出される範囲は①②だけである。

> **TR:**<u>Economic review</u>：<u>a journal of financial management</u> / <u>Economic Society</u>
>   ①   ②   ③

問47. 以下の TR フィールドで、TITLEKEY が切り出される範囲は①④だけである。

> **TR:**<u>心理学</u> ＝<u>Psychology</u> / <u>日本心理学会</u>‖<u>シンリガク</u>
>   ①   ②   ③   ④

問48. AUTHKEY の検索対象は AL フィールドのみである。

問49. VT フィールドは、FTITLEKEY の検索対象とならない。

問50. XISSN フィールドに記入されたデータは、ISSNKEY の検索対象となる。

問51. TR フィールドの本タイトルに「タイムシェアリング」を含む資料を検索する場合に「TITLE=タイム　シェアリング」は正しい検索キーである。

問52. TR フィールドの本タイトルに「季刊情報学研究」と記述されている資料を検索する場合に「TITLE=情報学研究」は正しい検索キーである。

問53. TR フィールドの本タイトルに「北海道立」を含む資料を検索する場合に「TITLE=ホッカイ　ドウリツ」は正しい検索キーである。

問54. コードフィールドの中で、TXTL のように複数のコードを入力することができるフィールドには、検索キーも複数入力できる。

問55. キーワードフィールドでは、論理積による検索が可能である。

問56. 検索キーとして検索画面に入力する仮名は、ひらがなでもカタカナでも良い。

問57. TR フィールドの本タイトルに「Neue wissenschaftliche Bibliothek」と記述されている資料を検索する場合に「TITLE=wissenschaft*」は正しい検索キーである。

問58. TR フィールドの本タイトルに「Justice of the peace and local government law」と記述されている資料を検索する場合に「AKEY=jusplg」は正しい検索キーである。

問59. TR フィールドの本タイトルに「脱・原発」を含む資料を検索する場合、「TITLE=脱原発」は正しい検索キーである。

問60. TR フィールドの本タイトルに「l'École française d'Extrême-Orient」を含む資料を検索する場合、「TITLE= extreme」は正しい検索キーである。

問61. TR フィールドに「印刷局年報 / 国立印刷局編」と記述されている資料を検索する場合、「TITLE=年報　国立印刷局」は正しい検索キーである。

問62. TR フィールドの本タイトルに「日経 AI」を含む資料を検索する場合、「TITLE=ニッケイ　ai」は正しい検索キーである。

問63. TR フィールドの本タイトルに「ソヴィエト」を含む資料を検索する場合、「TITLE=ソビエト」は正しい検索キーである。

「総合目録−雑誌初級」 第4回 | 117

● 書誌同定に関する次の文章のうち、正しい場合は○、間違っている場合は×としなさい。（手元の資料は、特に断りのない場合は冊子体印刷物とする。）

問64. 手元の資料A（表紙）は、検索結果の書誌レコード（ア）と同定してよい。

```
緑区広報

縮刷版
1

区報みどりく
（1号～200号）
緑区広報
（201号～301号）


2010
```

資料A（表紙）

```
TR:緑区広報||ミドリク コウホウ
VLYR:201号 (2008.1)・
FID:40233300
BHNT:CF:区報みどりく<AN10289999>
```

書誌レコード（ア）

問65. 手元の資料B（表紙）は、検索結果の書誌レコード（イ）と同定してよい。

```
要覧

平成15年度

長野県蚕業技術振興センター
（旧名　長野県蚕業指導所）
```

資料B（表紙）

```
TR:要覧 / 長野県蚕業指導所||ヨウラン
VLYR:昭和56年度 (昭56)・
```

書誌レコード（イ）

問66. 手元の資料C（タイトルページ）は、検索結果の書誌レコード（ウ）と同定してよい。

Annual reports
on
the progress
of
recycling technology

2010
I.T.U.
Tokyo

資料C（タイトルページ）

TR: Annual report of progress of recycling technology
PUB: Tokyo：ITU
NOTE: Description based on：2008

書誌レコード（ウ）

問67. 手元の資料D（タイトルページ）は、検索結果の書誌レコード（エ）と同定してよい。

Nonprofit World

Vol. 6, no. 1
Jan./Feb. 1988

Society for Nonprofit
Organizations

資料D（タイトルページ）

GMD:h　　**SMD:**d　　**REPRO:**c
TR: Nonprofit world
ED:[Microfilm ed.]
VLYR: Vol. 4, no. 1 (Jan./Feb. 1986)-
PUB: Ann Arbor, Mich.：UMI , 2009

書誌レコード（エ）

「総合目録-雑誌初級」第4回 | 119

IV. 所蔵レコードの記入方法

● 所蔵年次（HLYR フィールド）の記述方法について正しい場合は○、間違っている場合は×としなさい。

問68.

> **VLYR:**1998年度版（1998)·2003年度版（2003）；平成16年度（平16)-平成22年度（平22）

この書誌レコードに対して、1998年度版から平成22年度まで、間に欠号なく所蔵登録する場合は、「HLYR:1998·2010」と記述する。

問69.

工業年鑑	工業年鑑
2000 年度版	2001 年度版
2001 年 3 月発行	2002 年 3 月発行

この2冊を同一書誌に所蔵登録する場合は、「HLYR: 2001·2002」と記述する。

問70.

> 季刊岳人
> 1号
> 2009年冬季〜2010年春季
> 合併号
> 2010年4月1日発行

この資料を所蔵登録する場合は、「HLYR: 2009·2010」と記述する。

● 次の枠内の書誌レコードに対して、所蔵巻次（HLV フィールド）の記述方法について正しいものは○、間違っているものは×としなさい。

問71.

> **TR:**気象学会学術講演会予稿集‖キショウ　ガッカイ　ガクジュツ　コウエンカイ　ヨコウシュウ
> **VLYR:**平成 21 年度春季 (平 21.春季)-平成 23 年度秋季 (平 23.秋季)
> **FREQ:**f (年 2 回刊)

　　「平成 21 年度」、「平成 22 年度」、「平成 23 年度」のすべての年度で「秋季」だけを所蔵登録する場合は、「HLV: 21(2),22(2),23(2)」と記述する。

問72.

> **VLYR:**創刊準備[0]号 (2004.1)-

　　「創刊準備号(2004.1)」と、「1 巻 4 号(2004.5)」を所蔵登録する場合は、「HLV: 0;1(4)」と記述する。

問73.

> **TR:**薬学研究報告集. Series B, 臨床利用編‖ヤクガク　ケンキュウ　ホウコクシュウ. Series B, リンショウ　リヨウヘン
> **VLYR:**1 巻 2 号 (1997.1)-
> **NOTE:**各巻の奇数号は Series A, 研究開発編として刊行
> **FREQ:**m (月刊)

　　「1 巻 2 号、4 号、6 号、8 号」を所蔵登録する場合は、「HLV: 1(2-8)」と記述する。

問74.

> **VLYR:**1. Jahrg., Heft 1 (Jan. 1998)-4. Jahrg., Heft 6 (Juni 2001)
> **FREQ:**m (月刊)

　　「2. Jahrg., Heft 3 (März 1999)」から「3. Jahrg., Heft 1 (Jan. 2000)」までを間に欠号なく所蔵登録する場合は、「HLV: 2(3)-3(1)」と記述する。

問75.

VLYR:1 巻 1 号 (1999.1)-3 巻 10 号 (2001.10) = 1 号 (1999.1)-34 号 (2001.10)；35 号 (2001.11)-74 号 (2004.3)

1 巻 1 号 (1999.1)から最終号の 74 号 (2004.3)までを、間に欠号なくすべて所蔵登録する場合には、「HLV: 1-74」と記述する。

問76.

VLYR:Vol. 16, no. 8 (Aug. 2001)-v. 20, no. 6 (June 2005)
FREQ:m (月刊)

Vol. 16, no. 8 (Aug. 2001)から Vol. 16, no. 12 (Dec. 2001)までを所蔵登録する場合は、「HLV: 16」と記述する。

問77.

VLYR:1972/1973 (1972/1973)-1978/1979 (1978/1979)

初号から最終号までのすべてを所蔵登録する場合は、
「HLV: 1972/1973-1978/1979」と記述する。

問78.

VLYR:1 巻 1 号 (1960.1)-10 巻 12 号 (1969.12)
FREQ:m (月刊)

既に、「HLV: 1(1)」と登録されていた所蔵レコードを、間に欠号なく 10 巻 12 号までの所蔵レコードに更新する場合は、「HLV: 1(1)-10」と記述する。

問79.　「HLV=38(1)」で検索した場合、下記の所蔵レコードはヒットする。

> **HLYR:**1994-2008
> **HLV:**26()-40()

問80.　「HLV=10」で検索した場合、下記の所蔵レコードはヒットする。

> **HLYR:**1998-2000
> **HLV:**1-3
> **CONT:**+

V. 総合

- 図1の雑誌の説明文として、正しい場合は〇、間違っている場合は×としなさい。

図1

問81. 「FTITLE=サイエンス」は、図1の雑誌の正しい検索キーである。

問82. 図1の雑誌の所蔵レコードを登録するのは、次の書誌レコードである。

GMD: SMD: YEAR:1859　　**CNTRY:**us **TTLL:**eng　**TXTL:**eng　**ORG:**

REPRO: PSTAT:c **FREQ:**m　**REGL:**r　**TYPE:**p

ISSN:00368733　**CODEN:**SCAMAC　**NDLPN: LCCN:**04017574

ULPN:0S0598Y　　　　**GPON:**

TR: Scientific American. New series

VLYR: Vol. 1, no. 1 (July 2, 1859)-

PUB: New York : Munn & Co. , 1859-

PHYS:v. : ill. ; 30-41 cm

VT:AB:Sci.Am

VT:KT:Scientific American

NOTE: Other title information of caption (Vol. 1, no. 1): A journal of practical information in art, science, mechanics, agriculture, chemistry, and manufactures

NOTE: Publisher varied: Munn & Co.→Scientific American, Inc. <1919>-

NOTE: Frequency: Weekly, -Oct. 1921; Monthly, Nov. 1921-

NOTE: Issues for <1919>- published in 2v

NOTE: Title from caption

NOTE: Since July 1888 the words "new series" have been dropped

NOTE: Indexes: Vol. 178, no. 5 (May 1948)-v. 197 (1957). 1v,; 1948-1971. 1v.; 1948-1978 1v

NOTE: Includes special issue

NOTE: Issued also in a Japanese ed: Scientific American. Japanese. サイエンス, 1971-1990; and, Scientific American. Japanese. 日経サイエンス, 1990-

NOTE: Absorbed: People's journal, Nov. 1859

NOTE: Continues: Scientific American, Aug. 28, 1845-June 25, 1859

FID:20993200

BHNT:AF:Scientific American monthly<AA00836983>

SH:LCSH:Technology—Periodicals//K

SH:LCSH:Science—Periodicals//K

書誌レコード（ア）

「総合目録－雑誌初級」第4回 | 125

問 83. 図 1 の雑誌の所蔵レコードを登録するのは、次の書誌レコードである。

GMD: SMD: YEAR: 1990 **CNTRY:**ja **TTLL:**jpn **TXTL:** jpn **ORGL:**

REPRO: PSTAT: c **FREQ:** m **REGL:**r **TYPE:**p

ISSN: 0917009X **XISSN:**09171265**CODEN: NDLPN: LCCN: ULPN: GPON:**

TR:日経サイエンス ： Scientific American 日本版 ／ 日経サイエンス社||ニッケイ　サイエンス：Scientific American　ニホンバン

VLYR:20 巻 10 号（1990.10)･ = 229 号（1990.10)･

PUB:東京 ： 日経サイエンス社 , 1990･

PHYS:冊 ；28cm

VT:VT:Scientific American. 日本版||Scientific American. ニホンバン

FID:40183400

BHNT:CF:サイエンス ： Scientific American 日本版 ／ 日本経済新聞社 <AN00094497>

AL:日経サイエンス社||ニッケイ　サイエンスシャ<DA03526014>

書誌レコード（イ）

● 図2の雑誌の説明文として、正しい場合は○、間違っている場合は×としなさい。

図2

問84. 「TITLE=オーディーエイ」は、図2の雑誌の正しい検索キーである。

問85. 「TITLE=政府開発援助」は、図2の雑誌の正しい検索キーである。

問86. この雑誌を所蔵登録する場合、巻次は2010、年次は2011である。

● 以下の雑誌変遷マップの説明について、正しい場合は〇、間違っている場合は×としなさい。

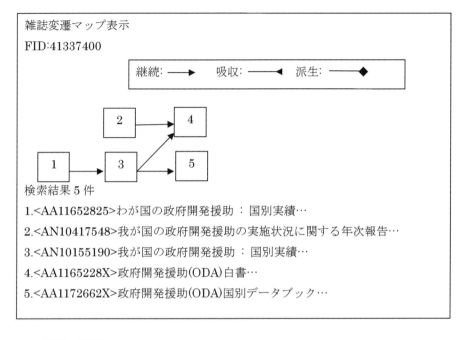

問87. 4 と 5 以外は終刊になっていることが読み取れる。

問88. 4 は、 2 の継続後誌であり、 3 の派生後誌でもある。

● 図3-A、図3-Bの雑誌の説明文として、正しい場合は○、間違っている場合は×としなさい。

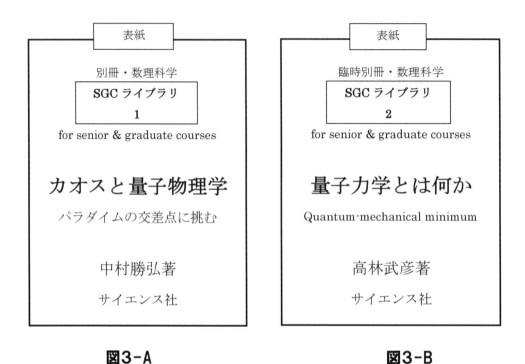

問89. 図3-Aの資料を雑誌ファイルで検索する場合、「TITLE=カオス　量子　物理学」は、正しい検索キーである。

問90. 図3-Bの資料を雑誌ファイルで検索する場合、「AUTH=高林　武彦」は、正しい検索キーである。

問 91. 図 3-A の雑誌の所蔵レコードを登録するのは、次の書誌レコード（ウ）である。

問 92. 図 3-B の雑誌の所蔵レコードを登録するのは、次の書誌レコード（ウ）である。

GMD: SMD: YEAR:1997 **CNTRY:**ja **TTLL:**jpn **TXTL:**jpn **ORGL:**

REPRO: PSTAT:c **FREQ: REGL: TYPE:**p

ISSN:03868257 **XISSN: CODEN: NDLPN: LCCN: ULPN: GPON:**

TR:SGC ライブラリ ：for senior & graduate courses||SGC ライブラリ ：for senior & graduate courses

VLYR:1（1997）·

PUB:東京 ： サイエンス社 , 1997.5·

PHYS:冊 ；26cm

VT:PT:別冊・数理科学||ベッサツ・スウリ　カガク

VT:OH:臨時別冊・数理科学||リンジ ベッサツ・スウリ　カガク

VT:VT:数理科学. 臨時別冊||スウリ　カガク.リンジ　ベッサツ

NOTE:各号に個別のタイトルあり

NOTE:親書誌タイトル変更：臨時別冊・数理科学（2（［1999］）-）

書誌レコード（ウ）

130 | 第2章 「総合目録－雑誌初級」過去問題

- 図4-A、B、Cの雑誌の説明文として、正しい場合は〇、間違っている場合は×としなさい。

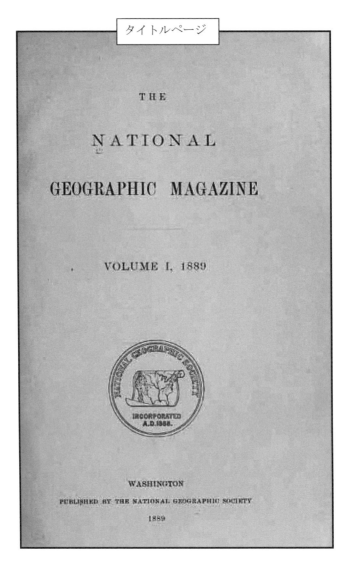

図4-A

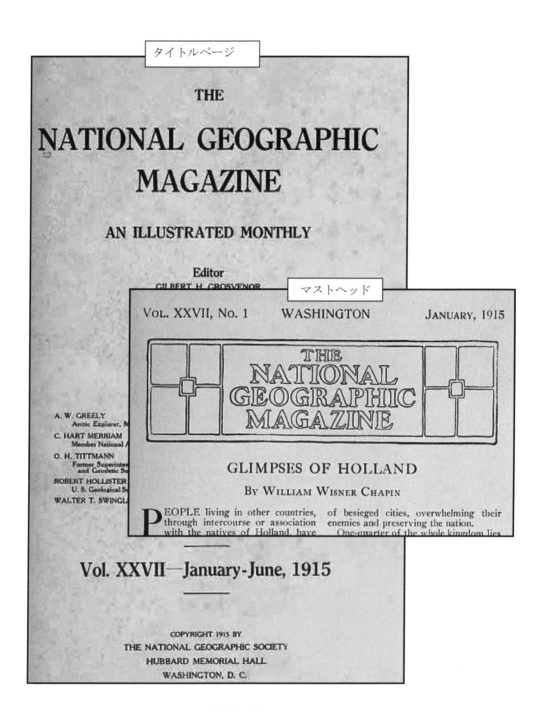

図4-B

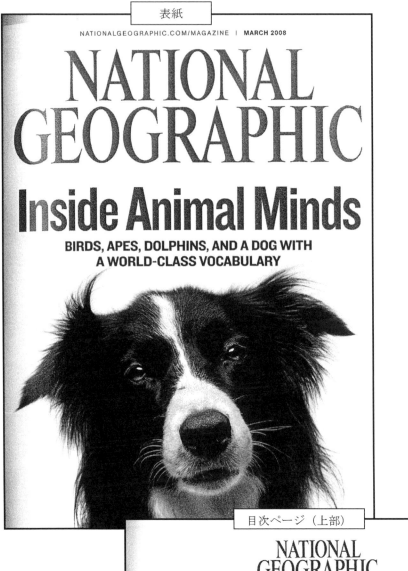

表紙

目次ページ（上部）

刊行頻度：月刊

年に 2 Vols.刊行

図4-C

問93. 図4-A および図4-B に対して、図4-C は「Magazine」の有無の違いのみで、タイトルの軽微な変化に該当するが、書誌レコードの作成年代によって、別書誌レコードとなっていることも考えられる。

問94. 「TITLE=The National Geographic」と「TITLE=National Geographic」では検索結果が異なる。

問95. 「TITLE=geograph*」で検索すると geographic、geography、géographique の語を含むレコードもヒットする。

問96. 2008 年について、Vol. 213, no. 5 (May 2008)は欠号で、その他の号を所蔵している場合、所蔵レコードの HLV は「213(1-4,6),214」と記述する。

134 | 第2章 「総合目録－雑誌初級」過去問題

● 図5の雑誌の説明文として、正しい場合は○、間違っている場合は×としなさい。

表紙

VOL.X   ISSUE 1   JANUARY 1963

NETHERLANDS
INTERNATIONAL LAW
REVIEW

NEDERLANDS TIJDSCHRIFT

VOOR INTERNATIONAAL RECHT

JRG. X/AFL. 1/JANUARI 1963

A. W. SYTHOFF-LEYDEN

REVUE NÉERLANDAISE DE
DROIT INTERNATIONAL

TOME X/FASC. 1   JANVIERE 1963

図5

問97. 図5の雑誌の所蔵レコードを登録するのは、次の書誌レコードである。

GMD: SMD: YEAR:1953 1974 CNTRY:ne TTLL:dut   TXTL:dutengfre ORG:
REPRO: PSTAT:d FREQ: REGL: TYPE:p
ISSN:00282138 XISSN: CODEN: NDLPN: LCCN: ULPN: GPON:
TR:Nederlands tijdschrift voor internationaal recht = Netherlands international
law review
VLYR:Jaarg. 1, afl. 1 (oct. 1953)-jaarg. 21, afl. 4 (1974)
PUB:Leiden : A.W.Sijthoff , 1953-1974
NOTE:Title from cover
NOTE:Parallel title added: Revue néerlandaise de droit international (<jaarg.10,
afl. 1 (1963)>-)
VT:OH:Revue néerlandaise de droit international
FID:41469500
BHNT:CS:Netherlands international law review <AA10832810>

書誌レコード(エ)

問98.　「AUTH=Sythoff」は、図5の雑誌の正しい検索キーである。

問99.　「TITLE=nederlands tijdschrift」は、図5の雑誌の正しい検索キーである。

問100.　図5の雑誌の号を単独で所蔵登録する場合は「HLV:10」と記述する。

（終）

137

IAAL 大学図書館業務実務能力認定試験

「総合目録－雑誌初級」 第 5 回（2012 年 5 月 27 日）

試 験 問 題

- 「総合目録－雑誌初級」では、NACSIS-CAT を正確かつ効率的に検索し、所蔵登録ができる能力があることを評価します。
- 設問中で問う書誌レコードは、NACSIS-CAT の入力基準に合致した、正しい記述がなされている書誌を想定しています。書誌レコードは正しい記述がなされているという前提で解答してください。
- 設問中にある書誌レコードは、『目録システムコーディングマニュアル』に準拠しています。

注意事項

1. 指示があるまで開いてはいけません。

2. 問題は 100 題で、解答時間は 50 分です。

3. 設問の番号と解答用紙の番号は対になっています。設問に対応する解答にマークされているか、十分注意してください。

4. この試験問題は、後で回収します。切り取ったり、転記したり、持ち帰ったりしてはいけません。

5. 解答用紙は機械処理しますので、折ったり曲げたりしないでください。

「*」がついている問いは、終了もしくは変更が生じたサービスが含まれているため、2018 年 4 月時点では問題文として成立しないものです。

NPO 法人大学図書館支援機構

138 | 第2章 「総合目録－雑誌初級」過去問題

以下の 100 題は、NACSIS-CAT についての説明文です。正しい場合はマークシート欄の〇を、間違っている場合はマークシート欄の×をぬりつぶしてください。

I. 総合目録の概要

問1. 総合目録データベースは、共同分担入力方式を採用することで目録業務の重複を防ぎ、業務の負担軽減をはかっている。

問2. NACSIS-CAT で形成される総合目録データベースと、NACSIS-ILL で利用される書誌・所蔵データベースは異なるものであり、内容も同一ではない。

＊問3. 総合目録データベースの更新内容は、NACSIS Webcat や CiNii Books には即時に反映されない。

問4. 参加館は総合目録データベースのデータをダウンロードすることができ、そのデータを様々な図書館業務に活用することができる。

問5. 雑誌書誌ファイルには、雑誌書誌レコードと雑誌所蔵レコードが収められており、ファイル内で両者のリンクが形成されている。

問6. ある書誌レコードに対して新規の所蔵登録を行うと、その書誌レコードと所蔵レコード間でリンク形成が行われる。

問7. 典拠ファイルには、著者名典拠ファイル、統一書名典拠ファイル、親書誌典拠ファイル、タイトル変遷典拠ファイルの 4 種類がある。

問8. 参照ファイルは、総合目録データベースの形成を支援するために用意されている参照用のファイルであり、総合目録データベースの外周に置かれている。

問9. 図書か雑誌かを判断する基準は ISBN、ISSN の有無であり、ISSN が付与されているものは原則として雑誌とする。

問10. 総合目録データベースは、書誌ファイルや典拠ファイルなどのファイルで構成されており、それぞれのファイルの中にレコードが収められている。

問11. 書誌レコード及び典拠レコードの修正は、参加館共通の指針や規則に沿って行われる。

問12. 所蔵レコードは、自館・他館のレコードに関係なく修正あるいは削除することができる。

問13. 雑誌書誌レコードを修正した場合は、どのような修正であっても国立情報学研究所に必ず報告しなければならない。

問14. 雑誌書誌レコードには、統一書名典拠レコードとのリンク関係は存在しない。

問15. 最新 3 年分を研究室に、バックナンバーを本館書庫に分散して所蔵している場合、配置コードをひとつしか申請していなければ、ひとつの配置コードに所蔵状況を記入する。

問16. 雑誌において、親書誌レコードと子書誌レコードの階層関係は存在しない。

問17. 著者名典拠レコードの「からも見よ参照リンク」の機能により、団体の名称の変更などをたどることができる。

問18. タイトル変遷の種類で、「図書館情報学研究誌」が分離して「図書館学研究誌」と「情報学研究誌」になる場合は、継続に該当する。

問19. 変遷ファミリーID(FID)は、変遷ファミリーの中のすべての書誌レコードとリンクしている。

問20. 参照ファイルの JPMARCS を検索するときに、誌名のヨミからは検索できない。

問21. 参照ファイルの検索は、Z35.90 クライアント機能によって実現されている。

問22. 2012 年 5 月 27 日現在、冊子体で刊行されている『目録情報の基準』の最新版は、第 4 版であるが、総合目録データベースの利用に際しては、第 3 版も参照しなければならない。

＊問23. 冊子体の『目録システムコーディングマニュアル』は、加除式のため、差し替えが必要である。

問24. 『目録情報の基準　第 4 版』において「ＮＣＲ」と記述されていた場合は、『日本目録規則　新版予備版』をさす。

問25. 入力データの記述文法とは、目録記入の際の転記方法を規定したものである。

問26. 情報源上の音標符号を含む文字、例えば「Ä」「ç」は、書誌レコード上では「A」「c」と省略して記述されている。

問27. 独自の巻号を持つ増刊等は、本誌とは別の書誌レコードが作成されている。

問28. 「ドイツ」という文字は、正規化により濁点が除去されて「トイツ」という検索用インデクスが作成される。

問29. 漢字統合インデクスは、似た字形や同じ意味の漢字を含めて検索するための仕組みである。

問30. TR フィールドでは、デリミタごとに検索用インデクス作成のための語の切り出しが行われる。

II. 各レコードの特徴

問31. 同じ本タイトルでも資料種別が異なるものは、別の書誌レコードである。

問32. タイトルが変更になっても、巻次が継続していれば同じ書誌レコードとして扱われる。

問33. 和雑誌のタイトル変遷の種類（継続・派生・吸収）と洋雑誌のタイトル変遷の種類は異なる。

問34. 雑誌の書誌レコードの記述は、初号もしくは最古号に基づいて作成されている。

問35. 「初号」とは1巻、1号など順序付けが「1」に相当する号のことである。

問36. 著者名典拠レコードを検索し、リンクされている書誌レコードをたどる場合と、著者名を検索キーに書誌レコードを検索した結果は常に同じである。

問37. タイトル変遷マップによって、変遷の前後誌だけでなく、変遷ファミリーの全体を参照することができる。

問38. 雑誌書誌レコードにおけるタイトル変遷に関するリンク形成は、参加館の報告に基づき、国立情報学研究所がリンク関係を作成する。

問39. 配置コードを複数登録している参加組織では、同じ書誌レコードにそれぞれの所蔵レコードを作成することができる。

問40. 雑誌の順序付けは必ず、書誌レコードでは巻次と年月次、所蔵レコードでは所蔵巻次と所蔵年次の組み合わせで表現する。

問41. 総合目録データベースでは、雑誌の所蔵館を、所蔵巻次や所蔵年次から絞り込むことができる。

問42. 「平成 24 年度版」のみしか順序付けの表示がない場合、巻次がなく、年月次のみなので雑誌とはならない。

問43. 巻・号・分冊や Vol.・no.・part の 3 階層の表示がある場合、3 階層目が完全に揃っていれば、号レベルを所蔵しているとみなす。

問44. 書誌レコードにタイトル変遷があった場合、変遷前誌と後誌に所蔵を切り分けて登録するか、前誌に一括して登録するかは参加館が判断して良い。

問45. 書誌レコードに巻次変更があっても、通巻が並記されていれば、所蔵レコードは通巻号の表示をもとに記入する。

III. 検索の仕組みと書誌の同定

問46. 以下の TR フィールドで、TITLEKEY が切り出される範囲は①②だけである。

TR: 経済学研究 / 高崎経済研究会 [編]‖ケイザイガク　ケンキュウ
①　　　　　　　②　　　　　　　　　　　　③

問47. AUTHKEY は、AL フィールドと TR フィールドから切り出される。

問48. ISSNKEY は、正しく８桁で記述されている場合に限り、検索キーとして切り出される。

問49. PUB フィールドに、出版者として「文部科学省生涯学習政策局」と記述されている場合、検索用インデクスとして「文部科学省」「生涯学習政策局」が切り出される。

問50. FTITLEKEY は、TR フィールドと VT フィールドから切り出される。

144 | 第2章 「総合目録－雑誌初級」過去問題

● 次の雑誌書誌レコードを総合目録データベース(SERIAL)で検索する場合の検索キーで
正しい場合は○を，間違っている場合は×としなさい。

TR: From the class room : English teacher's magazine

VLYR: Vol. 1, no. 1 (Jan. 1983)–

PUB: Tokyo : English Teachers Association in Japan , 1983–

PHYS: v. ; 24 cm

NOTE: Title from cover

問51. フルタイトルの検索キーとして「FROMTHECLASSROOM」

問52. AKEY として「FROTCR」

問53. タイトルの検索キーとして「teachers」

● 次の雑誌書誌レコードを総合目録データベース(SERIAL)で検索する場合の検索キーで
正しい場合は○を，間違っている場合は×としなさい。

TR:アジア経済研究叢書 / 神戸大学経済経営研究所編||アジア ケイザイ ケンキュ
ウ ソウショ

VLYR: 1巻（1951)–7巻 （1968)

PUB:神戸 ： 神戸大学経済経営研究所 , 1951-1968

AL: 神戸大学経済経営研究所||コウベ ダイガク ケイザイ ケイエイ ケンキュ
ウジョ <>

問54. タイトルの検索キーとして「経済研究叢書」

問55. 著者名の検索キーとして「神戸大学」

● 次の雑誌書誌レコードを総合目録データベース(SERIAL)で検索する場合の検索キーで
正しい場合は○を，間違っている場合は×としなさい。

TR: Hir@gana times

VLYR: 191 号（2002.9)-

PUB:東京 ：ヤック企画 , 2002-

VT:CL:Accessing the global community in Japan

VT:VT:Hiragana times

NOTE:英文併記

問56． タイトルの検索キーとして「hir gana」

問57. ISSN で検索してもヒットしない場合には、更に、他のフィールドにも検索キーを追加して、ISSN との AND 検索をすると良い。

問58. コードフィールド、キーワードフィールドともに、前方一致検索が可能である。

問59. タイトルの検索キーに「あかとんぼ」と入力して検索しても、TR フィールドに本タイトルとして「アカトンボ」と記述されている書誌レコードはヒットする。（なお、VT の記述は考慮しない。）

問60. タイトルの検索キーに「キワド」と入力して検索した場合、TR フィールドに本タイトルとして「キーワード」を含む書誌レコードはヒットする。（なお、VT の記述は考慮しない。）

問61. タイトルの検索キーに「セイ　カガク　ノ　シンポ」と入力して検索した場合、TR フィールドに本タイトルとして「生化学の進歩」と記述されている書誌レコードはヒットする。（なお、VT の記述は考慮しない。）

問62. タイトルの検索キーに「ジュウキュウセイキ　ブンガク」と入力して検索した場合、TR フィールドに本タイトルとして「19 世紀文学」と記述されている書誌レコードはヒットする。（なお、VT の記述は考慮しない。）

問63. タイトルの検索キーに「100 パーセント」と入力して検索した場合、TR フィールドに本タイトルとして「パソコン　100%活用法」と記述されている書誌レコードはヒットする。（なお、VT の記述は考慮しない。）

「総合目録-雑誌初級」第5回 | 147

● 書誌同定に関する次の文章のうち、正しい場合は○、間違っている場合は×としなさい。
（手元の資料は、特に断りのない場合は印刷形態とする。）

問64. 手元の資料A（標題紙）は、検索結果の書誌レコード（ア）と同定してよい。

Philosophical review
New series

Vol. 1
(whole no. 25)

Star Press
2007
London

資料A（標題紙）

TR:Philosophical review
VLYR:Vol. 1 (1998)-
PUB: London：Star Press , 1998-

書誌レコード（ア）

問65. 手元の資料B（表紙）は、検索結果の書誌レコード（イ）と同定してよい。

日本鉱石学会

平成6年度春季大会

講演予稿集

資料B（表紙）

TR:日本鉱石学会大会講演予稿集‖ニホン コウセキ ガッカイ タイカイ コウエン ヨコウシュウ
NOTE: 記述は平成5年度秋季 (平5. 秋季)による
AL: 日本鉱石学会‖ニホン コウセキ ガッカイ<>

書誌レコード（イ）

問66.　手元の資料Ｃ（表紙）は、検索結果の書誌レコード（ウ）と同定してよい。

```
週刊学生百科
別冊

日本歴史を歩く


No. 1
2009 春


蛍雪書籍
```

資料Ｃ（表紙）

```
TR:週刊学生百科||シュウカン ガクセイ ヒャッカ
VLYR: 1 巻 1 号（2007.6.1)-
PUB: 取手 ： 蛍雪書籍 ， 2007-
```

書誌レコード（ウ）

問67.　手元の資料Ｄ（表紙）は、検索結果の書誌レコード（エ）と同定してよい。

```
讃岐大学文学部紀要


第 2 巻


2007 年度


讃岐大学文学部編
2008
```

資料Ｄ（表紙）

```
TR:紀要 ／ 讃岐大学文学部 ［編］||キヨウ
VLYR:1 巻（2006)-
PUB:善通寺 ： 讃岐大学文学部 ， 2007-
```

書誌レコード（エ）

「総合目録－雑誌初級」第5回 | 149

IV. 所蔵レコードの記入方法

● 所蔵年次（HLYR フィールド）の記述方法について正しい場合は○、間違っている場合は×としなさい。

問68. 　　資料に下記の情報が表示されている。
　　　　　　・　病害虫年報'11
　　　　　　・　平成 23 年度版
　　　　　　・　平成 24 年 3 月発行
　　　　この資料を所蔵登録する場合は「HLYR: 2012-2012」と記述する。

問69.

VLYR: 昭和 59 年版（昭 59)-昭和 63 年版（昭 63）；平成元年版（平 1)-

　　　　昭和 60 年版と平成 3 年版の 2 冊を所蔵登録する場合は、
　　　　　「HLYR: 1985-1991」と記述する。

問70.

VLYR: 1 号（1976.1)-126 号（1997.12）；復刊 1 号（1998.1)-

　　　　復刊 1 号（1998.1)だけを所蔵登録する場合、
　　　　　「HLYR: ;1998-1998」と記述する。

150 | 第2章 「総合目録－雑誌初級」過去問題

● 次の枠内の書誌レコードに対して、所蔵巻次（HLV フィールド）の記述方法について正しいものは○、間違っているものは×としなさい。

問71.

> **VLYR:** 1 号（1980.1)-87 号（1992.4）；1 号（1994.1)-

「87 号（1992.4)」と「1 号（1994.1)」の 2 冊を所蔵登録する場合、「HLV: 87；1」と記述する。

問72.

> **VLYR:** 昭和 40 年度後期（昭 40.後期)-昭和 56 年度後期（昭 56.後期)

※ 年 2 回刊行

昭和 40 年度後期と、昭和 41 年度後期の 2 冊を所蔵登録する場合には、「HLV: 40,41(2)」と記述する。

問73.

> **VLYR:** 2009 年春号（2009.春)-

※ 年 4 回刊行

「2009 年秋・冬号」を所蔵登録する場合には、「HLV: 2009(3-4)」と記述する。

問74.

> **VLYR:** 2 巻 4 号（2003.4)-5 巻 1 号（2006.1)

※ 年 12 回刊行

4 巻 1 号から 5 巻 1 号までを、間に欠号なく所蔵登録する場合には、「HLV: 4-5」と記述する。

問75.

> **VLYR:** 創刊準備 [0 巻 1] 号 (2009.3)-

「創刊準備 2 号」と「1 巻 3 号」を所蔵登録する場合は、
「HLV: 0(2),1(3)」と記述する。

問76.

> **VLYR:** 1 巻 1 号 (平 3.10.6)-6 巻 158 号 (平 8.11.3)

初号から最終号までを間に欠号なく、すべてを所蔵登録する場合は、
「HLV: 1-158」と記述する。

問77.

> **VLYR:** Vol. 1, no. 1 (spring 2001)-v. 8, no. 3 (fall 2008)

初号から最終号まで、間に欠号なくすべて所蔵登録する場合には、
「HLV: 1(1)-8(3)」と記述する。

問78.

> **VLYR:** 1 巻 1 号 1 分冊 (1998.1)-
>
> **NOTE:** 各号は 3 分冊からなる

1 巻 1 号 1 分冊～1 巻 1 号 3 分冊と、1 巻 2 号 2 分冊を所蔵登録
する場合、「HLV: 1(1)」と記述する。

152 | 第2章 「総合目録－雑誌初級」過去問題

問79. 「HLV=7」で検索した場合、下記の所蔵レコードはヒットする。

HLYR:1999-2008
HLV:3（）-12（）

問80. 1号(2003.1)から9巻1号(2011.1)までを間に欠号なく所蔵し、今後も受け入れ予定である場合、所蔵レコードの記述は次の通りである。

HLV: 1-8,9(1)
HLYR: 2003-2011
CONT:+

V. 総合

● 図1の雑誌の説明文として、正しい場合は○、間違っている場合は×としなさい。

(A)

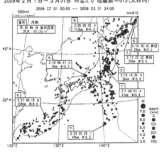

図1

154 | 第2章 「総合目録-雑誌初級」過去問題

問81.　図1の(A)の部分を「題字欄」という。

問82.　図1の雑誌をタイトルの検索キーで検索する場合、「ナイフル」は正しい検索キーである。

問83.　図1の所蔵レコードを登録するのは、次の書誌レコードである。

```
GMD: SMD: YEAR: 1997 CNTRY:ja TTLL:jpn TXTL:jpn ORGL:
REPRO:   PSTAT:c FREQ: REGL: TYPE:
ISSN: CODEN: NDLPN: LCCN: ULPN: GPON:
TR: 日本地震学会広報紙なゐふる ／[日本地震学会] 広報委員会 [編集]||ニ
ホン　ジシン　ガッカイ　コウホウシ　ナイフル
VLYR: No. 1 (May 1997)-
PUB: 東京 ： 日本地震学会 , 1997-
VT:CL: 日本地震学会広報紙「なゐふる」||ニホン　ジシン　ガッカイ　コウホ
ウシ　「ナイフル」
VT:VT:なゐふる||ナイフル
AL:日本地震学会||ニホン　ジシン　ガッカイ< >
```

書誌レコード(オ)

問84.　著者検索フィールドに「Seismological Society Japan」と入力して検索しても、書誌レコード(オ)はヒットする。

● 図2の雑誌の説明文として、正しい場合は○、間違っている場合は×としなさい。

図2

問85. CODENとは、学会誌に限って使用される管理コードである。

問86. 図2の雑誌をタイトルの検索キーで検索する場合、「大気環境学」は正しい検索キーである。

問87. 図2の雑誌の所蔵レコードを登録するのは、次の書誌レコードである。

```
GMD:  SMD: YEAR:1995 CNTRY:ja TTLL:jpn TXTL:jpn ORGL:
REPRO:  PSTAT:c  FREQ:  REGL:  TYPE:p
ISSN:13414178   XISSN:   CODEN:TKGAFA   NDLPN:   LCCN:   ULPN:
GPON:
TR:大気環境学会誌 / 大気環境学会［編］= Journal of Japan Society for
Atmospheric Environment / Japan Society for Atmospheric Environment‖タイ
キ カンキョウ ガッカイシ
VLYR:30 巻 3 号（1995）-
PUB:東京 ： 大気環境学会 ，1995.5-
PHYS:冊 ；cm
VT:VT:大気環境学会誌‖タイキ カンキョウガク カイシ
VT:AB: J.Jpn.Soc.Atmos.Environ
FID:00101500
BHNT:CF:大気汚染学会誌 = Journal of Japan Society of Air Pollution / 大気汚染
研究協会［編］<AN00136280>
AL:大気環境学会‖タイキ　カンキョウ　ガッカイ< >
```

書誌レコード(カ)

問88. (カ)の書誌レコードからは、当該書誌は「大気汚染学会誌」の継続後誌であり、両者はタイトル変遷リンクを形成している事が読み取れる。

問89. 著者名検索フィールドに「Japan Atmospheric Environment」と入力して検索すると、書誌レコード(カ)はヒットする。

● 図3の雑誌の説明文として、正しい場合は○、間違っている場合は×としなさい。

図3

問90.　図 3 の雑誌を検索する場合、フルタイトル検索フィールドに入力する検索キーは「designing」でも「+designing」でも、どちらでも良い。

GMD:　SMD: YEAR:2007 **CNTRY:**ja **TTLL:**jpn **TXTL:**jpn **ORGL:**

REPRO:　PSTAT:c **FREQ:　REGL:　TYPE:**p

ISSN:　XISSN:　CODEN:　NDLPN:　LCCN:　ULPN:　GPON:

TR:+designing ＝ プラスデザイニング｜｜+designing ＝ プラス デザイニング

VLYR: 1 巻 1 号（2007.11)- ＝ 通巻 1 号（2007.11)-

PUB:東京：毎日コミュニケーションズ , 2007-

PHYS:冊；cm

NOTE: 1 巻 1 号（2007.11)には Vol. 7 の表示もあり

書誌レコード(キ)

問91.　図 3 の号を、書誌レコード(キ)に登録する場合、「HLV: 26」と記述する。

問92.　図 3 の号を、書誌レコード(キ)に登録する場合、「HLV: 5(20)」と記述する。

問93.　図 3 の号を、書誌レコード(キ)に登録する場合、「HLV: 5(4)」と記述する。

● 図4の雑誌の説明文として、正しい場合は○、間違っている場合は×としなさい。

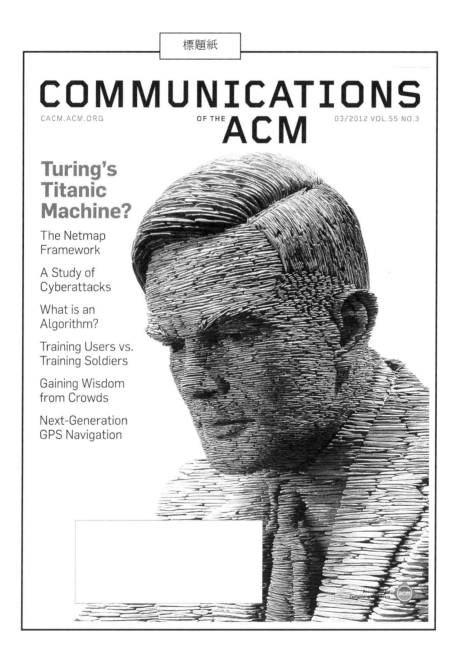

図4

160 | 第2章 「総合目録−雑誌初級」過去問題

問94. 「of」や「the」はストップワードなので、検索用インデクスは作成されていない。

問95. 「COMMUNICATIONS ACM」で検索した場合と、「ACM COMMUNICATIONS」で検索した場合の検索結果は同じである。

問96. 図4の雑誌の所蔵レコードを登録するのは、次の書誌レコードである。

GMD: SMD: YEAR: 1958 **CNTRY:**us **TTLL:**eng **TXTL:** eng **ORGL:**

REPRO: c **PSTAT: FREQ: REGL: TYPE:**

ISSN: XISSN:00010782 **CODEN: NDLPN: LCCN: ULPN: GPON:**

TR: Communications of the Association for Computing Machinery

ED:[Reprint ed.]

VLYR: Vol. 1, no. 1 (Jan. 1958)−

PUB: New York ; London : Johnson Reprint , 1971

PHYS:v. ; cm

VT:OH:Communications of the ACM

VT:VT:CACM

NOTE: Title from cover

NOTE: Reprint. Originally published: [Baltimore, Md.] : Association for Computing Machinery, [1958]−

NOTE: Title varies slightly: Communications of the ACM, Vol. 2, no. 11 (Nov. 1959)−

NOTE: Originally ISSN: 00010782

AL: Association for Computing Machinery <DA00190868>

書誌レコード(ク)

問97. CONT に「+」を入れて所蔵を絞り込んだ場合、継続受入予定である所蔵レコードがヒットする。

● 図5の資料について、3つの書誌レコードがある。それぞれについての説明で、正しい場合は○、間違っている場合は×としなさい。

標題紙

Advances in
ECOLOGICAL RESEARCH

VOLUME 38

Litter Decomposition: A Guide to Carbon and Nutrient Turnover

By

Björn Berg

*Danish Centre for Forest, Landscape, and Planning
Hörsholm, Denmark*

Ryszard Laskowski

*Jagiellonian University, Institute of Environmental Sciences
Department of Ecotoxicology, Krakow, Poland*

2006

ELSEVIER

AMSTERDAM • BOSTON • HEIDELBERG • LONDON
NEW YORK • OXFORD • PARIS • SAN DIEGO
SAN FRANCISCO • SINGAPORE • SYDNEY • TOKYO
Academic Press is an imprint of Elsevier

図5

162 | 第2章 「総合目録－雑誌初級」過去問題

```
GMD: SMD: YEAR:1962 CNTRY:uk TTLL:eng TXTL:eng ORGL:
ISSN:00652504 NBN: LCCN:62021479 NDLCN:
REPRO: GPON: OTHN:
VOL: v. 1 ISBN: PRICE: XISBN:
VOL: v. 2 ISBN: PRICE: XISBN:
VOL: v. 3 ISBN: PRICE: XISBN:
VOL: v. 4 ISBN: PRICE: XISBN:
VOL: v. 5 ISBN: PRICE: XISBN:
VOL: v. 6 ISBN: PRICE: XISBN:
VOL: v. 7 ISBN: 0120139073 PRICE: XISBN:
VOL: v. 8 ISBN: 0120139081 PRICE: XISBN:
VOL: v. 9 ISBN: 012013909X PRICE: XISBN:
VOL: v. 10 ISBN: 0120139103 PRICE: XISBN:
VOL: v. 11 ISBN: 0120139111 PRICE: XISBN:
VOL: v. 12 ISBN: 012013912X PRICE: XISBN:
VOL: v. 13 ISBN: 0120139138 PRICE: XISBN:
VOL: v. 14 ISBN: 0120139146 PRICE: XISBN:
VOL: v. 15 ISBN: 0120139154 PRICE: XISBN:
VOL: v. 16 ISBN: 0120139162 PRICE: XISBN:
…
TR: Advances in ecological research / edited by J.B. Cragg
PUB: London ; Tokyo : Academic Press , 1962-
PHYS: v. : ill. ; 24 cm
NOTE: 子書誌有り
NOTE: v. 8-9: edited by A. Macfadyen
NOTE: v. 18: edited by M. Begon
NOTE: v. 28: edited by A.H. Fitter
NOTE: v. 32-34, 36-41: edited by H. Caswell
NOTE: Includes bibliographical references
AL: Cragg, J. B. < >
AL: Begon, Michael <DA00775431>
AL: Macfadyen, A. (Amyan) <DA01135107>
AL: Fitter, Alastair <DA00915971>
AL: Caswell, Hal <DA04665774>
```

書誌レコード（ケ）

「総合目録－雑誌初級」 第5回 ｜ 163

GMD: SMD: YEAR:2006 CNTRY:us TTLL:eng TXTL:eng ORGL:

ISSN: NBN: LCCN: NDLCN:

REPRO: GPON: OTHN:

VOL: ISBN: 0120139383 PRICE: XISBN: 9780120139385

TR: Litter decomposition : a guide to carbon and nutrient turnover / by Bjorn Berg, Ryszard Laskowski

PUB: San Diego ; Tokyo : Elsevier Academic Press , 2006

PHYS: xv, 428 p., [2] p. of plates : ill. (some col.), maps ; 24 cm

NOTE: Includes bibliographical references (p. [377]-405) and index

PTBL: Advances in ecological research / edited by J.B. Cragg <BA00590360> v. 38// a

AL: * Berg, Bjorn <DA14078673>

書誌レコード（コ）

GMD: SMD: YEAR:1962 CNTRY:uk TTLL:eng TXTL:eng ORGL:

REPRO: PSTAT:c FREQ: REGL: TYPE:

ISSN:00652504　　　CODEN:AELRAY　　　NDLPN:　　　LCCN:62021479

ULPN:0A1008P GPON:

TR: Advances in ecological research

VLYR: Vol. 1 (1962)-

PUB: London : Academic Press , 1962-

VT: AB : Adv. ecol. res

VT: KT : Advances in ecological research

SH: LCSH : Ecology // K

書誌レコード（サ）

問98.　雑誌書誌ファイルにある書誌レコードは（ケ）（コ）（サ）の内、（ケ）のみである。

問99.　図5の雑誌の所蔵レコードを登録するのは書誌レコード（コ）である。

問100.　タイトルの検索キーに「Adv. ecol. res」と入力して検索すると、書誌レコード（ケ）（コ）（サ）の内（サ）のみヒットする。

（終）

第3章

「総合目録－雑誌中級」
過去問題

167

IAAL 大学図書館業務実務能力認定試験

「総合目録－雑誌中級」　第 1 回（2014 年 4 月 27 日）

試　験　問　題

- 「総合目録－雑誌中級」では、NACSIS-CAT において、和洋雑誌の書誌作成が可能な知識のあることを評価します。
- 設問中にあるフィールド名と各フィールドの区切り記号は、「目録システムコーディングマニュアル」に準拠しています。

注意事項

1. **指示があるまで開いてはいけません。**

2. 問題は 150 題で、解答時間は 90 分です。

3. 設問の番号と解答用紙の番号は対になっています。

4. 各設問の指示に沿って、解答欄の①～⑤の番号のうち、**最も適切なものを
   1 つだけ**塗りつぶしてください。
   1 つの解答欄で 2 つ以上の番号を塗りつぶすと、不正解となります。

5. この試験問題は、後で回収します。切り取ったり、転記したり、持ち帰ったりしてはいけません。

6. 解答用紙は機械処理しますので、折ったり曲げたりしないでください。

NPO 法人大学図書館支援機構

I. 目録の基礎

以下の問1～問30は、和洋雑誌の目録に関する基本問題です。

● 図書と逐次刊行物に関する下記の文章について、問1～問3に答えなさい。

　『目録情報の基準』では「逐次刊行物とは、【a】の種別にかかわらず、終期を予定せずに逐次刊行される資料全てのことをいう」と定義され、図書ファイルと雑誌ファイルの違いについて下記のように解説されている。

解説（図書ファイルと雑誌ファイルの違い）
　境界領域の資料の個々の巻号に「固有のタイトル」が存在する場合，図書書誌ファイルにおいては，個々の巻号の単位がレコード作成単位となる。
　一方，雑誌書誌ファイルにおいては，レコード作成単位は【b】であり，個々の巻号の情報は記録されない可能性が高い。
　したがって，個々の巻号の単位の書誌情報の記録・検索を保証するためには，図書扱いが望ましいことになる。
　逆に，個々の巻号に固有のタイトルが存在しない場合，図書ファイルにおいては，個々の巻号の所蔵状況の検索は困難である。従って，【c】を保証するためには，雑誌扱いが妥当である。

問1.　【a】に入る最も適切なものを選びなさい。
① 書誌構造
② 資料形態
③ 刊行頻度
④ 継続発行

問2.　【b】に入る最も適切なものを選びなさい。
① 単行書誌単位
② 親書誌単位
③ 逐次刊行物書誌単位
④ 最上位の書誌単位

問3.　【c】に入る最も適切なものを選びなさい。
① 所蔵状況の記録・検索
② 電子媒体資料の書誌情報の記録・検索
③ 団体名の変遷の記録・検索
④ 参加館での継続発注処理

●　流用入力についての問題です。以下の問4〜問6に答えなさい。

> 総合目録データベースに【a】レコードが存在せず、かつ次のような場合には、書誌流用入力を行うと効率的である。
> (1) 参照ファイルに【b】レコードが存在する場合
> (2) 総合目録データベースに【c】レコードが存在する場合

問4.　【a】【b】【c】の組み合わせで正しいものを選びなさい。
　　　①　【a】類似【b】一致【c】類似
　　　②　【a】類似【b】類似【c】一致
　　　③　【a】一致【b】一致／類似【c】類似
　　　④　【a】一致【b】類似【c】一致

問5.　「参照ファイル」についての説明として正しいものを選びなさい。
　　　①　著者名典拠の参照ファイルは存在しない。
　　　②　MARC21 フォーマットのまま NACSIS-CAT の参照ファイルとして利用される。
　　　③　OCLC のレコードは目録システム間リンクにより参照することが可能である。
　　　④　参照ファイルにはレコード間のリンクは存在しない。
　　　⑤　雑誌書誌の参照ファイルとしては、JPMARCS、TRCMARCS、USMARCS、UKMARCS の4種類がある。

問6.　書誌流用入力と書誌修正についての説明で正しいものを選びなさい。
　　　①　流用入力をするつもりが、間違えて修正すると重複レコードを作成することになる。
　　　②　修正するつもりが、間違えて流用入力をすると重複レコードを作成することになる。
　　　③　総合目録データベースからの流用入力をすると、元のレコードを書き変えることになってしまう。
　　　④　参照ファイルの書誌レコードを修正することができる。
　　　⑤　総合目録データベースの書誌レコードを修正すると、新たに別のレコードを作成することになる。

170 | 第3章 「総合目録-雑誌中級」過去問題

● 次の文章を読んで問7～問9に答えなさい。

> 各フィールドの区切り記号は、原則として【a】区切り記号法に準拠している。この区切り記号は、【b】のためのものなので、総合目録データベースでは一部の記号法が改変されている。例えば、システムによってはフィールドごとにピリオドを置く出力形式もあるため、【c】のピリオドは記述しない。

問7.   【a】に入る最も適切なものを選びなさい。
  ① ISBD
  ② ISO
  ③ JIS
  ④ NCR

問8.   【b】に入る最も適切なものを選びなさい。
  ① ステミング
  ② 機械的識別
  ③ 正規化
  ④ 全文一致検索

問9.   【c】に入る最も適切なものを選びなさい。
  ① イニシャル
  ② フィールドの末尾
  ③ 省略形
  ④ 文末

●　次の文章を読んで問 10〜問 12 に答えなさい。

> ヨミと分かち書きに関するルールは、【a】を参照する。
>
> この規則は、分かち書きされたヨミからの【b】を可能にすることを目的とする。
> したがって、対象となるフィールド全体について記述自体から【b】をすることが
> 可能な場合には、ヨミはなくてもよい。
>
> また、各参加組織においては、分かち書きされたヨミによって記入の【c】を行っ
> たり、分かち書きを無視して記入の【d】を行うことが可能となる。

問10.　【a】に入る最も適切なものを選びなさい。

①　目録情報の基準

②　目録システムコーディングマニュアル

③　目録システム利用マニュアル

④　学術雑誌総合目録データ作成マニュアル

問11.　【b】に入る最も適切なものを選びなさい。

①　主題分析

②　タイトルの言語の判定

③　検索用インデクスの作成

④　典拠レコードとのリンク形成

問12.　【c】【d】に入る最も適切な組合わせを選びなさい。

①　【c】同音異義語辞書作成　【d】語順排列

②　【c】図書記号付与　　　　【d】字順排列

③　【c】名寄せ　　　　　　　【d】同定識別

④　【c】語順排列　　　　　　【d】字順排列

● 次の文章を読んで問13～問15に答えなさい。

> データの記述を行う上の基準号として優先的に採用されるのは、初号である。初号が入手できない場合は、【a】に基づいてデータ記入を行う。
> 初号以外の号で記述を行った場合、記述の基準とした号について【b】フィールドに記録する必要がある。
> 情報源としての優先度は、初号に近い号ほど高くなる。従って、既存の書誌データが記述の基準とした号よりも初号に近い号を入手した場合は、【c】ことになる。

問13. 【a】に入る最も適切なものを選びなさい。
① 最新号
② JPMARCS または USMARCS による初号
③ 全国書誌や書店カタログ等を調査して初号と判断できる情報
④ 入手できるものの最初の号（所蔵最古号）

問14. 【b】に入る最も適切なものを選びなさい。
① VT
② NOTE
③ BHNT
④ LDF

問15. 【c】に入る最も適切なものを選びなさい
① その情報を注記する
② 新たに書誌レコードを作成する
③ その号に基づいて書誌データの書き変えを行う
④ 元の書誌レコードを削除する

- フィールドのデータと、規定の情報源との組み合わせが適切な場合は①を、そうでない場合は②を選びなさい。

問16.　TR フィールド　　　　　規定の情報源：和・洋雑誌とも標題紙

問17.　VLYR フィールド　　　　規定の情報源：和・洋雑誌とも目録対象資料全体

問18.　PUB フィールド　　　　　規定の情報源：和・洋雑誌とも奥付

問19.　ISSN フィールド　　　　　規定の情報源：和・洋雑誌ともどこからでもよい。

問20.　YEAR フィールド　　　　規定の情報源：和・洋雑誌とも VLYR フィールドの年月
　　　　　　　　　　　　　　　　　　　　　　次データ

- 複製資料の雑誌書誌レコードを作成する場合、以下の各フィールドに記述するコードとして原本に該当する情報源を基に記述するものは①を、複製時に付与された情報源を基にするものは②を、データを記入しないものは③を選びなさい。

問21.　CNTRY

問22.　FREQ

問23.　YEAR

問24.　PSTAT

問25.　TTLL

- 目録システムコーディングマニュアル 6.0.4 は電子ジャーナルの書誌記述について定めている。次の説明で正しい場合は①を、そうでない場合は②を選びなさい。

問26.　この章は暫定的な規定であり、和洋両方に適用される。

問27.　CD-ROM 形態等のローカルアクセスで利用するものも電子ジャーナルとして扱う。

問28.　ライセンスフリーの電子ジャーナルは、図書館でアクセスを保証できる場合を除き適用範囲の対象外である。

問29.　電子ジャーナルの場合、記述の基準とする号は最新号である。

問30.　URL が変更になった場合は、IDENT フィールドを繰り返すことで新たな URL を追加する。

II. 書誌作成・和雑誌

以下の問31〜問60は、**和雑誌**の書誌作成を前提とした問題です。

【タイトル変遷】
● 次のように表紙の表示が変化している和雑誌がある。軽微な変化に該当する場合は①を、重要な変化に該当する場合は②を選びなさい。

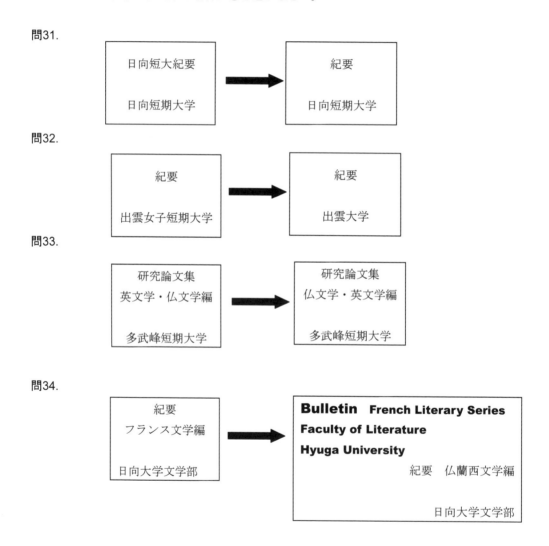

「総合目録－雑誌中級」第1回 | 175

【複製資料】

問35. 複製資料のタイトル変遷について、最も適切なものを選びなさい。

① 原本の書誌レコード間でタイトル変遷している場合は、対応する複製資料の書誌レコードは、原本の変遷マップとは別個に新たな変遷マップを作成する。

② 原本の書誌レコード間でタイトル変遷している場合は、対応する複製資料の書誌レコードにも、原本と同一の変遷マップID(FID)を付与する。

③ 原本の書誌レコード間でタイトル変遷していても、対応する複製資料の書誌レコード間では変遷マップは作成せず、変遷関係の事実はNOTEにのみ記録する。

④ 「軽微な変化」の適用以前に作成された原本書誌レコードが、タイトル変遷マップを形成している場合には、それが現行規定では「軽微な変化」に該当する場合でも、対応する複製資料の書誌レコードは、原本の書誌レコード単位に合わせて登録する。

● 総合目録データベースに原本の書誌レコードが存在しており、これに対応する複製資料の書誌レコードを新規作成する場合について、問36～問37に答えなさい。

原本書誌レコードには、以下のような記述がある。

> **VLYR:**1号（1972.2)-100号（1983.12）
> **PHYS:**100冊；23cm

複製資料は、このうち

- 51号（1976.1)～70号（1979.9)を部分的に復刻し、2巻に分けて出版
- 1巻（51号（1976.1)-59号（1977.3）所収）は2001年出版
- 2巻（60号（1977.5)-70号（1979.9）所収）は2002年出版

問36. この複製資料の書誌レコードとして、VLYRフィールドに記述する最も適切な方法を選びなさい。

① **VLYR:**1巻（1976.1/1977.3)-2巻（1977.5/1979.9）

② **VLYR:**51号（1976.1)-70号（1979.9）

③ **VLYR:**1号（1972.2)-100号（1983.12）

④ **VLYR:**1巻（2001)-2巻（2002）

⑤ **VLYR:**1巻（[2001]）-2巻（[2002]）

問37. この複製資料の書誌レコードとして、PHYSフィールドに記述する数量の最も適切なものを選びなさい。

① 100冊

② 2巻

③ 20冊

④ 2冊

176 | 第3章 「総合目録－雑誌中級」過去問題

【総称的タイトル】

● 次の文章を読んで問38～問41に答えなさい。

> 逐次刊行物のタイトルが総称的な語からなる場合、必ず【a】を記録する。総称的な語の定義は「【b】及び（または）【c】を示すもの」である。【d】のようなタイトルが総称的タイトルである。

問38. 【a】に入る最も適切なものを選びなさい。
① AL フィールドに責任表示
② PUB フィールドに責任表示
③ TR フィールドに責任表示

問39. 【b】に入る最も適切なものを選びなさい。
① 出版物の主題内容
② 出版物の種類
③ 出版物の対象分野

問40. 【c】に入る最も適切なものを選びなさい。
① 編集責任団体名称
② 出版者名称
③ 頻度

問41. 【d】に入る最も適切なものを選びなさい。
① 文学　世界　経済
② 年次報告書　研究報告集　大会プログラム
③ 貿易統計資料　日銀統計　人口統計

【CNTRY】

問42. CNTRY フィールドについての説明で、正しいものを選びなさい。
① CNTRY フィールドの入力レベルは「選択」である。
② CNTRY フィールドは繰り返して複数のコードを入力することができる。
③ CNTRY フィールドのデータ要素の情報源は、「PUB フィールドの最初の出版地・頒布地等のデータ」である。
④ 出版地が[東京]のように補記で記入されている場合は、CNTRY フィールドにコードを記入することができない。
⑤ 出版国コードは『目録情報の基準』付録の出版国コード表による。

「総合目録－雑誌中級」第1回 | 177

【TTLL】

問43. TR フィールドのタイトルおよびタイトル関連情報が次のように記述されている場合、対応する TTLL フィールドのコードで、最も適切なものを選びなさい。

① つばさ：journal of the Aeronautical Association　　　**TTLL:**jpn

② ザ・デンタルペーシェント　　　**TTLL:**eng

③ Kanamoji no susume　　　**TTLL:**eng

④ Motor magazine = モーターマガジン　　　**TTLL:**jpn

⑤ Σ（シグマ）：ギリシャ哲学を一から学ぶ　　　**TTLL:**mul

【PSTAT】

問44. PSTAT フィールドの記述についての文章です。最も適切なものを選びなさい。

① 変遷注記に、派生後誌が記録されている場合、VLYR に終号が未記入でも「d」を記入できる。

② 変遷注記に、継続後誌が記録されている場合、VLYR に終号が未記入でも「d」を記入できる。

③ 変遷注記に、吸収後誌が記録されている場合、「d」を記入できない。

④ 休刊とある場合は、廃刊とは異なり「d」を記入できない。

⑤ VLYR に終号が記録されていても、PUB フィールドの最終出版年が未記入の場合は「d」を記入できない。

【FREQ】

問45. 以下のような書誌に対して、「コード表抜粋」を参考に、FREQ フィールドのコードが正しく記録されているものを選びなさい。

① コージーミステリ研究
NOTE:年 11 回刊行　　　**FREQ:**u

② 季刊新児童文化
VLYR:1 号（1977.秋)-1 号（1977.秋)　　　**FREQ:**q
BHNT:CS:こどもと文化

③ 新劇評論
NOTE:刊行頻度変更: 月刊(1(1977.1)-48(1980.1))→隔月刊(49(1980.3)-80(1985.1))→季刊(81(1985.5)-)
FREQ:m

④ 酪農研究所季報
NOTE:季刊だが 2013 年度のみ、研究所移管の為、年 2 回刊行
FREQ:f

※参考　コード表抜粋	
m	月刊
q	季刊
b	隔月刊
f	年 2 回刊
a	年刊
u	刊行頻度不明

【ISSN】

問46. 継続刊行されている資料に、次のようにISSN ([A][B][C])が表示されている。②を初号として書誌レコードを作成する場合、ISSNの記述方法として最も適切なものを選びなさい。

（③のISSNは誤植）　（以後ISSN変更なし）

① [A]をISSNフィールドに、[B][C]をXISSNフィールドに記入する。
② [C]をISSNフィールドに、[A][B]をXISSNフィールドに記入する。
③ [B]をISSNフィールドに、[A][C]をXISSNフィールドに記入する。
④ [A]をISSNフィールドに、[C]をNOTEに記入する。
⑤ [A]をISSNフィールドに、[B]と[C]をNOTEに記入する。

【TR】

問47. 次のような情報源に基づいてTRフィールドを記述する場合、最も適切なものを選びなさい。

① TR:紀要 / 学術資料刊行会・出版‖キヨウ
② TR:紀要 / 嵯峨女子大学編纂‖キヨウ
③ TR:紀要‖キヨウ
④ TR:紀要 / [嵯峨女子大学編纂]‖キヨウ
⑤ TR:研究紀要 / 嵯峨女子大学編纂‖ケンキュウ　キヨウ

- 目録システムコーディングマニュアルの下記の項目を参考に、問48～問49に答えなさい。

    6.2.1　TR

    F3（並列タイトル） 並列タイトルは，本タイトルと同一の情報源上に表示された本タイトルの別言語・別文字による表現である。

    F4（タイトル関連情報） タイトル関連情報は，本タイトルと同一の情報源上に表示された本タイトル，並列タイトル以外のタイトル，あるいは本タイトルに補完，限定説明を加える語句である。

問48. 次のような情報源(表紙)がある場合、図中の【a】【b】【c】はTRフィールドの、どのデータ要素に該当するか、最も適当な組み合わせを選びなさい。

① 【a】本タイトル　　　【b】並列タイトル　　　【c】タイトル関連情報
② 【a】本タイトル　　　【b】タイトル関連情報　【c】タイトル関連情報
③ 【a】本タイトル　　　【b】タイトル関連情報　【c】並列タイトル
④ 【a】本タイトル　　　【b】本タイトル　　　　【c】並列タイトル

問49. 次のような情報源(表紙)に基づいて TR フィールドを記述する場合、最も適切なものを選びなさい。

```
            経済学論叢

            飛騨学院大学

          Economic Review

         Hida Gakuin University
```

① **TR:**経済学論叢 ＝ Economic review / 飛騨学院大学［編］＝ Hida Gakuin University||ケイザイガク　ロンソウ
② **TR:**経済学論叢 / 飛騨学院大学［編］＝ Economic review / Hida Gakuin University||ケイザイガク　ロンソウ
③ **TR:**経済学論叢 / 飛騨学院大学［編］＝ / Hida Gakuin University||ケイザイガク　ロンソウ
④ **TR:**経済学論叢 / 飛騨学院大学［編］＝ Economic review||ケイザイガク　ロンソウ

180 | 第3章 「総合目録－雑誌中級」過去問題

【ED】

問50. 次の組み合わせの中で、下線部分を版表示として ED フィールドに記録するのが適切なものを選びなさい。

① 「農業年報　昭和 47 年度版 」「気象年次報告　2011 年版」「業績報告　第一四半期版」

② 「法学研究　新潮社版 」「実務英語　一粒社版」「歴史研究　日本評論社版」

③ 「基礎ドイツ語 [CD 版] 」「医道の日本　点字版」「私たちの税金　墨字版」

④ 「切抜き速報　食と生活版 」「切抜き速報　教育版 」「切抜き速報　科学と環境版」

⑤ 「会社職員録　非上場会社版」「役員四季報　店頭・未上場会社版 」「会社年鑑　上場会社版」

【VLYR】

問51. 次の VLYR フィールドの記入方法で正しいものを選びなさい。

① **VLYR:**1 巻 1 号（1960.1)-10 巻 12 号（1969.12）= -120 号（1969.12）

② **VLYR:**1 巻 1 号（1960.1)-10 巻 12 号（1969.12）= 1 号（1960.1)-120 号（1969.12）；
11 巻 1 号（1970.1)-15 巻 12 号（1974.12）

③ **VLYR:**1 巻 1 号（1960.1)-10 巻 12 号（1969.12）= 1 号（1960.1)-120 号（1969.12）；
121 号（1970.1)-150 号（1974.12）

④ **VLYR:**1 巻 1 号（1960.1）= 1 号（1960.1)-10 巻 12 号（1969.12）= 120 号（1969.12）

● 初号にあたる資料の各部分に、次のように表示されている場合、VLYR フィールドの記述方法として、正しいものは①を、間違っているものは②を選びなさい。

（表紙）	（標題紙）	（奥付）
季刊しらさぎ 創刊号 Vol.1/no.1 Spring 2007	季刊しらさぎ 復刊 1 号	No. 1　1 巻 1 号　2007 年 3 月 1 日発行

問52. 表紙に最も顕著に表示されている「創刊号」を最優先巻次として最初に記入する。

問53. 2 階層の巻次を最も優先し、「1 巻 1 号」と「Vol. 1, no. 1」はイコールでつないで両方とも記入する。

問54. 和雑誌なので、日本語の「1 巻 1 号」「復刊 1 号」を記入し、同じ事を表現している英語の「Vol. 1, no. 1」や「No. 1」は記入しない。

問55. 和雑誌なので、年月次は、英語の「spring 2007」ではなく、日本語の出版日付を補記する。

問56. 2 階層巻次と 1 階層巻次が同一情報源箇所に表示されているのは奥付だけなので、奥付の「1 巻 1 号」「No. 1」「2007 年 3 月 1 日発行」を巻次年月次として記入する。

【PUB】

問57. 規定の情報源に次のように表示されている場合、PUB フィールドの記述として最も適切なものを選びなさい。

> 東京都八王子市旭町 8−6
> （財）青少年教育協会

① **PUB:**東京 ： 青少年教育協会

② **PUB:**八王子市 ： 青少年教育協会

③ **PUB:**八王子 ： 青少年教育協会

④ **PUB:**八王子 ：(財)青少年教育協会

⑤ **PUB:**旭町（東京都）：(財)青少年教育協会

問58. 規定の情報源に次のように表示されている場合、PUB フィールドの記述として最も適切なものを選びなさい。

> 新聞研究　　第 1 号　1969 年 4 月 1 日発行
>
> 東京都文京区本郷 7−3−1
> 東京大学新聞研究会
> 京都府京都市左京区吉田本町 1
> 京都大学新聞研究会

① **PUB:**東京 ； 京都 ： 東京大学新聞研究会 ： 京都大学新聞研究会 ， 1969-

② **PUB:**東京 ： 東京大学新聞研究会
　 PUB:京都 ： 京都大学新聞研究会 ， 1969-

③ **PUB:**東京 ； 京都 ： 東京大学新聞研究会・京都大学新聞研究会 ， 1969-

④ **PUB:**東京 ： 東京大学新聞研究会 ， 1969-
　 PUB:京都 ： 京都大学新聞研究会

【VT】

問59. VT フィールドの記述として最も適切なものを選びなさい。

① キータイトル(KT)が TR フィールドに記述されたものと重複する場合は、記入しない。

② 資料には表示されていないが、検索上の便宜の為に目録担当者が記入する異なりアクセスタイトルは VT:OH に記録する。

③ 裏表紙タイトル(BC)と背表紙タイトル(ST)が同形で重複する場合は、規定の優先順位に従って、どちらかだけを選択して記録する。

④ その他のタイトルに、TR フィールドに記述されたものと異なる形の責任団体名がある場合は、スペース、スラッシュ、スペースで区切って記録する。

【NOTE】

問60. 次のような書誌レコードに追加記述される NOTE フィールドの記述として最も適切なものを選びなさい。

> **TR:**触角 / とんぼの会‖ショッカク
> **VLYR:**1 号（昭 58.1)-
> **PUB:**市原 ： 佐々木書店 , 1983-
> **VT:**BC:Dragonfly
> **PHYS:**冊 ；22cm

① **NOTE:**責任表示は 2 号（昭 58.3)による
② **NOTE:**責任表示変更: 蜻蛉研究会. - 出版者変更: 高木出版. - 大きさ変更: 26cm
③ **NOTE:**裏表紙タイトル: Dragonfly
④ **NOTE:**当館所蔵中、3－5 号は私家複製版である
⑤ **NOTE:**出版地変更: 木更津 (5 号（昭 59.1)-)

III. 総合・和雑誌

以下の問61～問90は、**和雑誌**の書誌作成に関する総合的な問題です。

- 図1の雑誌について、総合目録データベースを検索したところ書誌1がヒットした。また、手元には1991の他に1992と1993があり、1992からは「年刊ワーグナー」の表示がなくなり「ワーグナーとニーチェ年報」に変わっていた。書誌1の各フィールドに対する操作で、最も適切なものを選びなさい。

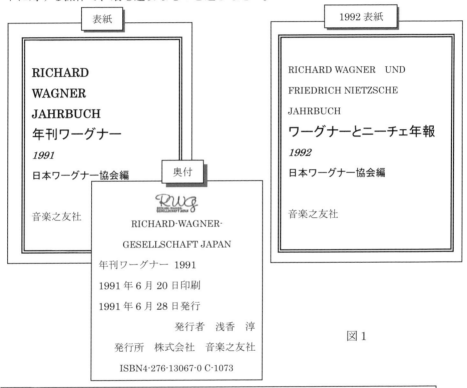

図1

184 | 第3章 「総合目録－雑誌中級」過去問題

問61. TR のタイトル
① 本タイトルを顕著に表示されている「Richard Wagner Jahrbuch」に修正する。
② 本タイトルを顕著に表示されている通りの
「RICHARD WAGNER JAHRBUCH」に修正する。
③ 「Richard Wagner Jahrbuch」を並列タイトルに記述し、2 つ目の NOTE
フィールドを削除する。
④ 本タイトルを「ワーグナーとニーチェ年報」に修正する。
⑤ TR フィールドのタイトルは修正しない。

問62. PUB の出版者
① 出版者を「日本ワーグナー協会」に修正する。
② 出版者に「音楽之友社」を追加する。
③ 出版者を「Richard Wagner Gesellschaft Japan」に修正する。
④ 出版者を「浅香淳」に修正する。
⑤ PUB フィールドの出版者は修正しない。

問63. NOTE
① 「記述は終号による」を追加する。
② 「記述は 1991 (1991)による」を追加する。
③ 「1991 (1991)のタイトル: Richard Wagner Jahrbuch」を追加する。
④ 「継続後誌: ワーグナーとニーチェ年報」を追加する。

問64. PSTAT
① 「d」に修正する。
② 「d」を追加し、「cd」にする。
③ 「c」のままとする。修正は報告に基づき国立情報学研究所が行う。
④ 「u」に修正する。

問65. YEAR
① **YEAR:**1981 198-
② **YEAR:**1981 199-
③ **YEAR:**1981 1991
④ YEAR フィールドの追加・修正は行わない。

問66. その他のフィールド
① TTLL フィールドを「ger」に修正する。
② ISBN フィールドに「4276130670」を記述する。
③ VLYR フィールドを「1981 (1981)-1991 (1991)」に修正する。
④ VT フィールドのその他のタイトルの種類コードを「OH」から「VT」に修正する。
⑤ AL フィールドに「Richard Wagner Gesellschaft Japan」を追加する。

● 図2の雑誌（1993-1994 刊の復刻版）について、総合目録データベースを検索したところ原本の書誌2がヒットしたが、復刻版の書誌レコードはなかった。原本の書誌をもとに流用入力する際、問67～問72の各フィールドに対する操作で最も適切なものを選びなさい。

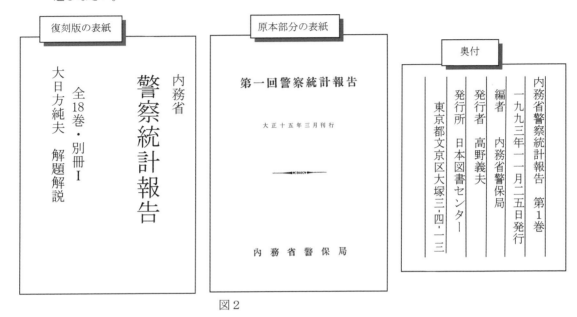

図2

問67. TR
① 本タイトルを「内務省警察統計報告」にして、ヨミにも「ナイムショウ」を追加する。
② 本タイトルを「第1回警察統計報告」にして、ヨミも「ダイ1カイ ケイサツ トウケイ ホウコク」とする。
③ 責任表示の役割表示の[ ]を削除し、「内務省警保局編」にする。
④ 責任表示に「大日方純夫解題解説」を追加する。
⑤ TR は修正しない。

186 | 第3章 「総合目録－雑誌中級」過去問題

問68. PUB
① 出版者を「高野義夫」に修正する。
② 出版者を「日本図書センター」に修正し、出版年は復刻版の発行年「1993-1994」に修正する。
③ PUBフィールドを繰り返し、「東京：日本図書センター，1993-1994」を追加する。
④ 出版年の「1926-」を「1926.3-」に修正する。
⑤ PUBは修正しない。

問69. VLYR　（この復刻版には大正十五年三月刊行の第一回から昭和十八年三月刊行の第十八回までが複製されていた。）
① VLYRは修正しない。
② **VLYR:**第1回（大15）-第18回（昭18）
③ **VLYR:**第1回（大正15年）-第18回（昭和18年）
④ **VLYR:**1回（[大15]）-18回（[昭18]）
⑤ VLYRは削除する。

問70. VT
① **VT:**CV:内務省警察統計報告||ナイムショウ ケイサツ トウケイ ホウコク
② **VT:**OH:内務省警察統計報告||ナイムショウ ケイサツ トウケイ ホウコク
③ **VT:**CL:内務省警察統計報告||ナイムショウ ケイサツ トウケイ ホウコク
④ **VT:**TT:警察統計報告||ケイサツ トウケイ ホウコク
⑤ **VT:**OH:警察統計報告||ケイサツ トウケイ ホウコク

問71. 解題・解説：「警察統計報告」の内容構成と警察の構造・機能が別冊としてついていた。このことを記述するフィールドで最も適切なものを選びなさい。
① TRのタイトル関連情報
② ED
③ VLYR
④ NOTE

問72. その他のフィールド
① ORGLに「jpn」と記述する。
② FREQを「u」に修正する。
③ EDに「[復刻版]」と記述する。
④ NOTEに「復刻版の出版事項: 東京：日本図書センター, 1993-1994」と記述する。
⑤ NOTEに「原本のタイトル: 警察統計報告」と記述する。

「総合目録－雑誌中級」 第1回 ｜ 187

● 図3の雑誌について総合目録データベースを検索したところ、参照ファイルの書誌3
がヒットした。これを流用入力してこの号を元に書誌レコードを新規登録する際、問
73～問78の各フィールドの記述で最も適切なものを選びなさい。

```
表紙

財団法人　淡水魚保護協会機関誌
Annual Bulletin
of the
Freshwater Fish Protection Association


淡水魚

Freshwater Fish


No.11　1985
```

図3

```
奥付

1985 年 9 月 3 日発行　淡水魚　第 11 号　定価 4000 円
編集兼発行人　木村英造　　　　　　　発売所　株式会社　青泉社
発行所　財団法人淡水魚保護協会　　　大阪市北区堂島 2 丁目 2 番 38 号
　　　　大阪市北区堂島 2 丁目 2 番 38 号　　印刷所　天理時報社
Fresh water Fish　　No. 11　　Price US$20 (postage included)
　　Publisher：Tansuigyo hogokyokai
　　Address：2-2-38 Dojima-Kitaku, Osaka, Japan
```

```
JPMARCS
GMD: SMD: YEAR:1975 1987 CNTRY:ja TTLL:jpn TXTL:jpn ORGL:
REPRO: PSTAT:d FREQ:a REGL:r TYPE:p
ISSN:09102078 CODEN: NDLPN:00028144 LCCN: ULPN: GPON:
TR:淡水魚 / 淡水魚保護協会 [編]｜｜タンスイギョ
VLYR:1 号(1975)-13 号(1987)
PUB:大阪：淡水魚保護協会
PUB:大阪：青泉社 (発売), 1975-1987
PHYS:冊 ；26cm
VT:OH:Annual bulletin of the Freshwater Fish Protection Association｜｜Annual
bulletin of the Freshwater Fish Protection Association
NOTE:刊行頻度: 年刊
NOTE:本タイトル等は最新号による
AL:淡水魚保護協会｜｜タンスイギョ ホゴ キョウカイ ＜＞
```

書誌3

問73. TR のタイトル

① 淡水魚 : 財団法人淡水魚保護協会機関誌 = Freshwater fish : annual bulletin of the Freshwater Fish Protection Association

② 淡水魚 = Freshwater fish : 淡水魚保護協会機関誌 = annual bulletin of the Freshwater Fish Protection Association

③ 淡水魚 = Freshwater fish : annual bulletin of the Freshwater Fish Protection Association

④ 淡水魚 = Annual bulletin of the Freshwater Fish Protection Association

問74. TR の責任表示

① 淡水魚保護協会［編］　　（JPMARCS のまま修正しない）

② 財団法人淡水魚保護協会［編］

③ 財団法人淡水魚保護協会編

④ 淡水魚保護協会編集

⑤ TR の責任表示は記述しない。

問75. VLYR

① No. 11 (1985)-

② 第 11 号 (1985)-

③ 11 号 (1985)-

④ VLYR は記述しない。

問76. PUB

① **PUB:**大阪 : 淡水魚保護協会
   PUB:大阪 : 青泉社 (発売)

② **PUB:**大阪 : 淡水魚保護協会
   PUB:発売: 青泉社

③ **PUB:**大阪 : 淡水魚保護協会 ; 青泉社 (発売)

④ **PUB:**大阪 : 淡水魚保護協会
   PUB:青泉社 (発売)

問77. ISSN

① **ISSN:**[09102078]

② **ISSN:**[0910-2078]

③ **ISSN:**09102078　　（JPMARCS のまま修正しない）

④ **ISSN:**0910-2078

問78. NOTE
　　①　**NOTE:**刊行頻度: 年刊
　　　　NOTE:本タイトル等は最新号による
　　　　（JPMARCS のまま修正しない）
　　②　**NOTE:**本タイトル等は最新号による
　　　　（JPMARCS のその他の NOTE は削除する）
　　③　**NOTE:**記述は 11 号（1985)による
　　　　（JPMARCS のその他の NOTE は削除する）
　　④　**NOTE:**記述は 11 号（1985)による
　　　　NOTE:表紙に欧文タイトルあり: Annual bulletin of the Freshwater Fish
　　　　Protection Association
　　　　（JPMARCS のその他の NOTE は削除する）

● 図4の雑誌について総合目録データベースを検索したところ、参照ファイルの書誌4がヒットした。これを流用入力して書誌レコードを新規登録する場合、修正方法として正しいものは①を、間違っているものは②を選びなさい。

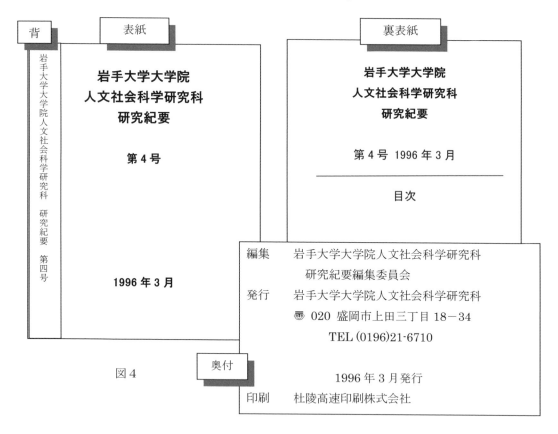

図4

```
JPMARCS
GMD:  SMD:  YEAR:1993  CNTRY:ja  TTLL:jpn  TXTL:jpn
PSTAT:c  FREQ:a  REGL:r  TYPE:p  NDLPN:00104355
TR:岩手大学大学院人文社会科学研究科研究紀要||イワテ ダイガク ダイガクイン ジンブン シャカイ カガク ケンキュウカ ケンキュウ キヨウ
VLYR:[1号(1993年3月)]-
PUB:盛岡：岩手大学大学院人文社会科学研究科 ,[1993]-
PHYS:冊 ;26cm
AL:岩手大学大学院人文社会科学研究科||イワテ ダイガク ダイガクイン ジンブン シャカイ カガク ケンキュウカ<>
```

書誌4

問79. TR フィールドを、次のように修正する。

TR:岩手大学大学院人文社会科学研究科研究紀要 / 岩手大学大学院人文社会科学研究科 [編] ‖イワテ ダイガク ダイガクイン ジンブン シャカイ カガク ケンキュウカ ケンキュウ キヨウ

問80. TR フィールドを、次のように修正する。

TR:岩手大学大学院人文社会科学研究科研究紀要 / 岩手大学大学院人文社会科学研究科研究紀要編集委員会 [編集] ‖イワテ ダイガク ダイガクイン ジンブン シャカイ カガク ケンキュウカ ケンキュウ キヨウ

問81. 次の NOTE フィールドを追加する。

NOTE:記述は4号（1996.3)による

問82. PUB フィールドを、次のように修正する。

PUB:盛岡 : 岩手大学大学院人文社会科学研究科 , [199-]-

問83. YEAR フィールドを、次のように修正する。

YEAR:199-

問84. 次の VT フィールドを追加する。

VT:BC:岩手大学大学院人文社会科学研究科研究紀要‖イワテ ダイガク ダイガクイン ジンブン シャカイ カガク ケンキュウカ ケンキュウ キヨウ

● 図5のような3点の雑誌を所蔵している。これを基に書誌5を修正する場合、正しいものは①を、間違っているものは②を選びなさい。

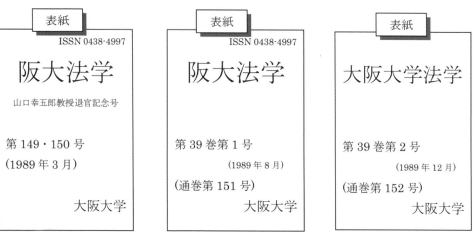

図5

```
GMD: SMD: YEAR:1951 CNTRY:ja TTLL:jpn TXTL:jpn ORGL:
REPRO: PSTAT:c FREQ: REGL: TYPE:p
ISSN:04384997 CODEN: NDLPN:00020016 LCCN: ULPN:0158600000 GPON:
TR:阪大法学 / 大阪大学法学会 [編]||ハンダイ ホウガク
VLYR:1号 (1951.12)-
PUB:豊中 : 大阪大学法学会 , 1951-
PHYS:冊 ; 21cm
VT:BC:Osaka law review
VT:BC:Handai hōgaku
NOTE:責任表示: 大阪大学 (<4号 (1952.9)>-)
AL:大阪大学||オオサカ ダイガク <DA00763181>
AL:大阪大学法学会||オオサカ ダイガク ホウガッカイ <DA03469216>
```

書誌5

問85.　VLYR フィールドを修正し、NOTE を追加する。

　　　　VLYR:1 号（1951.12)-通巻 151 号（1989.8）= -39 巻 1 号（1989.8）

　　　　NOTE:変遷後誌: 大阪大学法学

問86.　VLYR フィールドを修正し、NOTE を追加する。

　　　　VLYR:1 号（1951.12)- 149・150 号（1989.3）; 39 巻 1 号（1989.8)-39 巻 1 号（1989.8）= 通巻 151 号（1989.8)-通巻 151 号（1989.8）

　　　　NOTE:変遷後誌: 大阪大学法学

問 87.　VLYR フィールドを修正し、NOTE を追加する。

　　　　VLYR:1 号（1951.12)- 149/150 号（1989.3）; 39 巻 1 号（1989.8)- = 通巻 151 号（1989.8)-

　　　　NOTE:本タイトルの軽微な変化: 大阪大学法学（39 巻 2 号（1989.12)-）

問 88.　VLYR フィールドを修正し、NOTE を追加する。

　　　　VLYR:1 号（1951.12)- 149・150 号（1989.3）; 39 巻 1 号（1989.8)- = 通巻 151 号（1989.8)-

　　　　NOTE:本タイトルの軽微な変化: 大阪大学法学（39 巻 2 号（1989.12)-）

問 89.　VLYR フィールドを修正し、NOTE を追加する。

　　　　VLYR:1 号（1951.12)- 150 号（1989.3）; 39 巻 1 号（1989.8)- = 通巻 151 号（1989.8)-

　　　　NOTE:本タイトルの軽微な変化: 大阪大学法学（39 巻 2 号（1989.12)-）

問 90.　VLYR フィールドを修正し、NOTE を追加する。

　　　　VLYR:1 号（1951.12)- 149・150 号（1989.3）; 39 巻 1 号通巻 151 号（1989.8)-

　　　　NOTE:本タイトルの軽微な変化: 大阪大学法学（39 巻 2 号通巻 152 号（1989.12)-）

IV. 書誌作成・洋雑誌

以下の問91～問120は、**洋雑誌**の書誌作成を前提とした問題です。

【タイトル変遷】

● 次のようにタイトルページの表示が変化している洋雑誌がある。軽微な変化に該当する場合は①を、重要な変化に該当する場合は②を選びなさい。

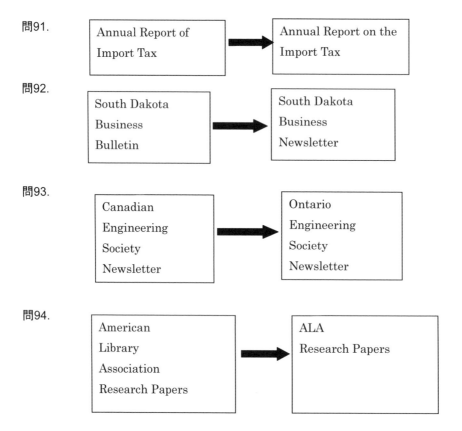

【複製資料】

問95. 複製資料について述べた文章のうち、最も適切なものを選びなさい。
　① 目録対象資料が複製資料である場合は、REPROフィールドに「f」を記入する。
　② 複製資料の書誌レコードのPUBフィールドには、原本の情報を記入する。
　③ 合刻複製版の場合は、収録されている個々の逐次刊行物ごとに書誌レコードを作成する。
　④ 複製時に付与されたタイトルはTRフィールドに記入する。
　⑤ 刊行頻度FREQフィールドには、最新の刊行頻度コードを記入する。

「総合目録－雑誌中級」第1回 | 195

【総称的タイトル】

問96. 以下のタイトルの中で、総称的タイトルに<u>該当しないもの</u>を選びなさい。

① Review

② Preliminary report

③ Transactions

④ Anthropological reports

⑤ Proceedings of the conference

【GMD, SMD】

問97. 資料種別の記入について、以下の文章の【a】【b】【c】に入る用語の組み合わせで適切なものを選びなさい。

> 一般資料種別コード(GMD)と、特定資料種別コード(SMD)は、目録対象資料が通常の印刷物である場合は、共に【a】となる。電子ジャーナルの場合は、GMD は【b】を意味する「w」、SMD は、【c】を意味する「r」となる。

① 【a】 空白 【b】 静止画像 【c】 フィルム

② 【a】 h 【b】 動画 【c】 フラッシュカード

③ 【a】 空白 【b】 機械可読データファイル【c】 リモートファイル

④ 【a】 c 【b】 機械可読データファイル【c】 光ディスク

【YEAR】

● 問 98～問 100 について、PUB フィールドの出版日付等と YEAR フィールドの値の対応として正しい場合には①を、間違っている場合には②を選びなさい。

問98. 出版日付が[1988]-の場合、　　**YEAR:198-**

問99. 出版日付が 1980-2010 の場合、**YEAR:1980 2010**

問100.出版日付が-1999 の場合、　　**YEAR:1999**

【FREQ】

● 問 101～問 103 について、FREQ フィールドの説明として正しい場合には①を、間違っている場合には②を選びなさい。

問101.FREQ の情報源はどこからでもよい。

問102.刊行頻度が途中で変更になった場合には、FREQ フィールドを繰り返して変更後の刊行頻度のコードを追加する。

問103.対象資料が終刊となった場合は、FREQ のコードは削除する。

【CODEN, ISSN】

● 問104～問105 は、CODEN、ISSN の問題です。

問104. CODEN フィールドの説明として、正しいものを選び
なさい。

① 右図の場合は CODEN に「Nat.med」と入力する。

② 右図の場合は CODEN に「10788956」と入力する。

③ CODEN は自然科学系の雑誌に付与される識別子
である。

```
1078-8956          NAMEFI
Nat.med


VOLUME 14    NUMBER 4
APRIL 2008

nature

medicine
```

問105. ISSN フィールドの説明として、正しいものを選びな
さい。

① 右図の場合は ISSN に「10788956」と入力する。

② 右図の場合は ISSN に「NAMEFI」と入力する。

③ ISSN は、当該雑誌の発行団体が付与する識別コードである。

【TR】

問106. 情報源のタイトルページ上のタイトルが図の
ようで、本文が英語である場合、TR フィールド、
TTLL フィールドの記述として最も適切なもの
を選びなさい。

```
月刊日本庭園

MONTHLY
JAPANESE
GARDEN
```

① **TTLL:**jpn
   TR:月刊日本庭園 = MONTHLY JAPANESE GARDEN||ゲッカン ニホン
   テイエン

② **TTLL:**eng
   TR: Monthly Japanese garden = 月刊日本庭園||Monthly Japanese garden
   = ゲッカン ニホン テイエン

③ **TTLL:**jpneng
   TR:月刊日本庭園 = Monthly Japanese garden||ゲッカン ニホン テイエン

④ **TTLL:**eng
   TR: Monthly Japanese garden

⑤ **TTLL:**jpn
   TR:月刊日本庭園：monthly Japanese garden||ゲッカン ニホン テイエン：
   monthly Japanese garden

問107.　情報源上にある

「JAHRBUCH FÜR PSYCHOLOGIE UND PSYCHOTHERAPIE 」を本タイト
ルとする場合、TR フィールドの記述として、最も適切なものを選びなさい。

①　JAHRBUCH FÜR PSYCHOLOGIE UND PSYCHOTHERAPIE

②　Jahrbuch Für Psychologie Und Psychotherapie

③　Jahrbuch für Psychologie und Psychotherapie

④　Jahrbuch für psychologie und psychotherapie

⑤　jahrbuch für psychologie und psychotherapie

【ED】

● 問 108〜問 111 について、ED フィールドに版表示として記述するのに適切な場合は①
を、不適切な場合には②を選びなさい。

問108. **ED:**International ed

問109. **ED:**Microfilm ed

問110. **ED:**French ed

問111. **ED:**April ed

【VLYR】

問112. VLYR フィールドの記入についての説明で、最も適切なものを選びなさい。

①　初号を所蔵していれば VLYR フィールドに記入ができるが、終号のみ所蔵し
ている場合は、VLYR フィールドに記入することはできない。

②　初号の情報源に、「Volume 2 APRIL 2009」と記載されていたら、
「VLYR: Volume 2 (April 2009)-」と記入する。

③　初号も終号も所蔵していない場合には、VLYR フィールドは記入できない。

④　情報源上に、年月次が「Jan./Feb./Mar. 1994」と、省略形で書かれている場
合、VLYR に記入する時には、完綴形に直して「(January/February/March
1994)」とする。

【PUB】

問113. 初号の情報源に図のように表示されている場合、PUB フィールドの記述として最も適切なものを選びなさい。

```
              Published by
    THE SOUTHERN STUDIES INSTITUTE


       Northwestern State University
        Natchitoches, Louisiana
               71987
  Copyright © 1990 by the Southern Studies Institute
```

① Natchitoches, Louisiana : Southern Studies Institute, Northwestern State University , c1990-

② Natchitoches, LA : Southern Studies Institute, Northwestern State University

③ Natchitoches : Southern Studies Institute , c1990-

④ Natchitoches, La. : Southern Studies Institute , 1990-

⑤ Natchitoches, La. : Southern Studies Institute, Northwestern State University , c1990-

【VT】

● VT フィールドの説明について、以下の文章の【a】に入る語句を選びなさい。

問114.

> その他のタイトルの種類コード【a】は、標題紙タイトルのことで、洋雑誌の場合は、一部の例外を除き使用できない。

① TT
② RT
③ CV
④ VT

問115. 【a】と【b】に入る語の組み合わせで、正しいものを選びなさい。

> その他のタイトルの種類コード【a】は、キータイトルのことで、【b】と１対１に対応する形が登録されている。

① 【a】CL 【b】ISSN
② 【a】CV 【b】LCCN
③ 【a】KT 【b】ISSN
④ 【a】TT 【b】ISBN

【NOTE】

問116. 以下の複数の注記の順序について、最も望ましい順序のものを選びなさい。

①**NOTE:**Title from cover
　NOTE: Description based on: Vol. 5, no. 3 (1999)
　NOTE:VLYR of USMARCS: Vol. 1, no. 1 (1995)-

②**NOTE:**VLYR of USMARCS: Vol. 1, no. 1 (1995)-
　NOTE: Title from cover
　NOTE: Description based on: Vol. 5, no. 3 (1999)

③**NOTE:**Description based on: Vol. 5, no. 3 (1999)
　NOTE: Title from cover
　NOTE:VLYR of USMARCS: Vol. 1, no. 1 (1995)-

④**NOTE:**VLYR of USMARCS: Vol. 1, no. 1 (1995)-
　NOTE: Description based on: Vol. 5, no. 3 (1999)
　NOTE: Title from cover

【FID, BHNT】

● 変遷注記用データシートを記入する。問117〜問120に示したタイトル変遷について、該当する変遷関係図を選びなさい。

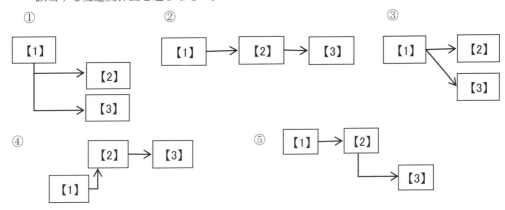

問117. Proceedings of the Japan Academy【1】が Ser. A【2】と Ser. B【3】に分離した。

問118. Elektrowärme【1】が Gas und Elektrowärme【2】に改題して、その後また Elektrowärme【3】になった。

問119. Health-business【2】は、Medical business journal【1】を吸収し、その後、Health alliance alert【3】に改題した。

問120. Musical times【2】は Musical times and singing class circular【1】から改題し、Choir and organ【3】を派生した。

V. 総合・洋雑誌

以下の問121～問150は、**洋雑誌**の書誌作成に関する総合的な問題です。

● 図6の雑誌を総合目録データベースに新規登録する際、この号を記述の根拠号とした場合の記述方法で適切なものを選びなさい。図6の号は初号ではありません。

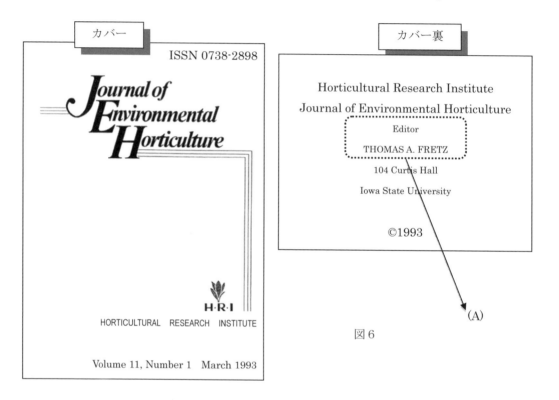

図6

問121. YEARフィールドの記述として、最も適切なものを選びなさい。
　　　①何も記入しない。
　　　②**YEAR:**1993
　　　③**YEAR:**198-
　　　④**YEAR:**und
　　　⑤**YEAR:**c1993

問122. TR フィールドの記述として最も適切なものを選びなさい。

① **TR:**Journal of Environmental Horticulture

② **TR:**Journal of environmental horticulture / H.R.I ＝ HORTICULTURAL RESEARCH INSTITUTE

③ **TR:**Journal of Environmental Horticulture / Horticultural Research Institute

④ **TR:**Journal of environmental horticulture / Horticultural Research Institute

⑤ **TR:**Journal of Environmental Horticulture / HORTICULTURAL RESEARCH INSTITUTE

問123. NOTE フィールドの記述として最も適切なものを選びなさい。

① **NOTE:**記述は Vol. 11, no. 1 (Mar. 1993)による

② **NOTE:**Description based on: Vol. 11, no. 1-

③ **NOTE:**Description based on: Vol. 11, no. 1 (Mar. 1993)

④ **NOTE:**Vol. 11, no. 1 issued in March 1993

⑤ **NOTE:**Description based on latest issue

問124. 図の(A)の扱いについての説明文です。【a】【b】に入る語句の組み合わせとして最も適切なものを選びなさい。

> 【a】とは、本タイトルと同一情報源上に表示された、逐次刊行物の刊行に責任を有する団体およびその役割に関する表示である。
> 個人編者に関する【a】があっても、これを【a】として記録しない。
> 必要ならば、【b】フィールドに記録する。

① 【a】著者標目　　　　【b】AL

② 【a】責任表示　　　　【b】NOTE

③ 【a】責任表示　　　　【b】CW

④ 【a】タイトル関連情報　【b】VT

● AL フィールドの記入方法と、リンク形成について正しい場合は①を、間違っている場合は②を選びなさい。

問125. AL フィールドには情報源の表示通り「H・R・I　Horticultural Research Institute」と記述する。

問126. 著者名典拠レコードの SF フィールドに、から見よ参照形として「H・R・I」を入力することは適切である。

● 図7の情報源の雑誌は、タイトル変更後の初号である。この雑誌を総合目録データベースで検索したところ、参照ファイルの書誌7がヒットした。これを流用入力して書誌レコードを新規登録する場合について、問127～問132の質問に答えなさい。

```
                    カバー
                    Volume 7, No. 1, Spring 1993
                              ISSN:1068-5685        大きさ：28センチメートル
                                                    挿図：有り
                 MINIMALLY INVASIVE

                  SURGICAL NURSING
                                                        図7
                 editor: KAY BALL, R.N., M.S.A., C.N.O.R.
                 associate editor: ANITA ZACHERL, R.N.   バックカバー

                              GENERAL INFORMATION
                 MINIMALLY INVASIVE SURGICAL NURSING (Formerly LASER NURSING) is the central
                 forum for summary and research articles in the rapidly evolving field of minimally invasive
                 surgery. Publishers, 1651 Third Avenue, New York, NY 10128,(212)289-2300.

                              ISSN 0888-6075. Printed in the United States of America.

           Mary Ann Liebert, Inc. publisher                    (A)
```

```
USMARCS
GMD: SMD: YEAR:1993  CNTRY:us TTLL:eng TXTL:eng
REPRO: PSTAT: c FREQ:q REGL:r TYPE:p
ISSN:10685685 CODEN:MISNFI NDLPN: LCCN:93005946 ULPN:         書誌7
TR:Minimally invasive surgical nursing
VLYR:Vol. 7, no. 1 (spring 1993)-
PUB:New York, NY：Mary Ann Liebert, Inc., Publishers , 1993-
PHYS:5 v.：ill. ; 28 cm
VT:AB:Minim. invasive surg. nurs
VT:KT:Minimally invasive surgical nursing
NOTE:Title from cover
NOTE:Continues (CF): Laser nursing. ISSN:0888-6075. CN: (DLC) sn
86014405. CN:(OCoLC)13664099.
SH:LCSH:Lasers in medicine -- Periodicals//K
SH:LCSH:Nursing -- Periodicals//K
SH:MESH:Ambulatory Surgery -- nursing -- periodicals//K
SH:MESH:Laser Surgery -- nursing -- periodicals//K
SH:MESH:Lasers -- therapeutic use -- periodicals//K
```

「総合目録－雑誌中級」第1回 | 203

問127. PUB フィールドの編集として、最も適切なものを選びなさい。

① 何も編集しない。

② New York, NY：Mary Ann Liebert, Publishers , 1993-

③ New York, N.Y.：Mary Ann Liebert , 1993-

④ New York, N.Y.：Mary Ann Liebert, Inc., Publishers , 1993-

⑤ New York, NY：Mary Ann Liebert, Inc , 1993-

問128. PHYS フィールドの編集として、最も適切なものを選びなさい。

①何も編集しない。

②**PHYS:**v.：ill.；28cm

③**PHYS:**v.：ill.；28 cm

④**PHYS:**5v. Ill.；28cm

問129.VT フィールドの編集として、最も適切なものを選びなさい。

①何も編集しない。そのまま残す。

②VT:KT のタイトルは TR と完全に一致しているので、削除する。

③VT:AB、VT:KT どちらも情報源にはないので、削除する。

④VT:AB として、略語形 MISN を追加する。

問130.図7の表紙には、「ISSN 1068-5685」、(A) の部分には「ISSN 0888-6075」と、二通りの ISSN が表示されている。「ISSN 0888-6075」は改題前誌「Laser nursing」に付与されたものであることが確認された。このようなケースで記述方法として最も適切なものを選びなさい。

①**ISSN:**10685685, 08886075　　と記述する。

②**ISSN:**08886075　　**XISSN:**10685685　　と記述し、XISSN について注記する。

③**ISSN:**08886075, 10685685　　と記述する。

④**ISSN:**10685685　　**XISSN:**08886075　　と記述し、XISSN について注記する。

問131. SH フィールドに関する以下の説明で、適切なものを選びなさい。

① MESH は米国国立医学図書館の、医学件名の種類コードである。

② LCSH は米国国立農業図書館の件名の種類コードである。

③ SH フィールドは情報源に存在しないので、流用入力時に削除する。

④ 洋雑誌の書誌レコードに、日本語の件名を追加することはできない。

問132.NOTE フィールドの編集について、最も適切なものを選びなさい。

① 「Title from cover」を削除する。

② BHNT フィールドに変遷前のタイトル「Laser nursing」をコード「CF」とともに記入する。

③ 「Continues: Laser nursing」と編集する。

④ 「Description based on: Vol. 7, no. 1 (spring 1993)」と記述する。

204 | 第3章 「総合目録−雑誌中級」過去問題

● 図8の雑誌を総合目録データベースで検索したところ、書誌8がヒットした。図8の
レコードとして流用入力して書誌レコードを新規登録する場合の方法として、問133〜
問138で、正しいものは①を、間違っているものは②を選びなさい。
　　注意：この reprint 版は、Vol. 1, no. 1 (Nov. 1949)から Vol. 36, no. 4 (winter 1985)
　　までの部分復刻である。

タイトルページ

THE
CENTRAL STATES
SPEECH JOURNAL

VOLUME 1

1949-1950

Reprinted with the permission of the
Central States Speech Association
KRAUS REPRINT CORPORATION
New York
1967

原本部分の本文ページ

The Central States Speech Journal

Volume I　　November 1949　　Number 1

PROFESSIONAL AFFILIATIONS
ORVILLE A. HITCHCOCK

図8

GMD: SMD: YEAR:1949 1988 CNTRY:us TTLL:eng TXTL:eng　ORGL:
REPRO:　PSTAT:d FREQ:q REGL:r TYPE:p
ISSN:00089575 CODEN:CSSJAT NDLPN: LCCN:90656199 ULPN: GPON:
TR:The Central states speech journal
VLYR:Vol. 1, no. 1 (Nov. 1949)-v. 39, no. 3/4 (fall/winter 1988)
PUB:New York：Central States Speech Association , 1949-1988
VT:AB:Cent. states speech j
VT:KT:Central states speech journal
FID:40520700
BHNT:CS:Communication studies<AA10869479>

書誌8

「総合目録－雑誌中級」第1回 | 205

問133. 複製資料なので、「**REPRO:**c」 を記入する。

問134. VLYR フィールドは修正しない。

問135. 原本書誌レコードに記述されている ISSN は XISSN に記録し、同時に NOTE フィールドに原本の ISSN であることを注記する。

問136. 部分的な復刻であることが確認されているので、「**PSTAT:**d」 と記入する。

問137. 収録されている部分の出版年の範囲にあわせて　「**YEAR:**1949 1985」 に修正する。

問138. 複製資料なので、変遷マップは作成しない。

206 | 第3章 「総合目録－雑誌中級」過去問題

● 図9の雑誌を総合目録データベースに新規登録する場合、記述方法として最も適切な
ものを選びなさい。 図9の号は初号です。

カバー

Volume 1 Number 1 1994

Applied Signal

Processing

The International Journal

Springer International
London, UK
ISSN 0941-0635

カバー裏

Subscription Information
Volume 1(4 issues) will appear in 1994.
The subscription rate is ￡120.00 plus
postage. Orders can be placed with your
subscription agent or sent directory to:

Springer-Verlag London Limited

Springer-Verlag GmbH & Co KG

Springer-Verlag New York Inc.

Production
Springer-Verlag London Ltd.

©1994 Springer-Verlag London Limited

図9

問139. TR フィールドの記述として最も適切なものを選びなさい。

① **TR:**Applied Signal Processing / Springer International

② **TR:**Applied signal porcessing : The international journal

③ **TR:**Applied signal processing : the international journal

④ **TR:**Applied Signal Processing : The International Journal

問140. PUB フィールドの記述として最も適切なものを選びなさい。

① **PUB:**London : Springer-Verlag GmbH & Co. KG , c1994-

② **PUB:**London : Springer International , c1994-

③ **PUB:**London : Springer international , c1994-

④ **PUB:**[London] : Springer Verlag London Limited , c1994-

問141. VLYR フィールドの記述として最も適切なものを選びなさい。

① **VLYR:**Volume 1 Number 1 (1994)-

② **VLYR:**V. 1, Nr. 1 (1994)-

③ **VLYR:**Vol. 1, no. 1 (1994)-

④ **VLYR:**1(1)(1994)-

問142. PUB フィールドの出版年に「c1994-」と記述した場合、YEAR フィールドの記述として最も適切なものを選びなさい。

① 何も記入しない。

② 1994

③ 199-

④ c1994

● 図10の雑誌をもとに書誌10を修正する場合について、以下の問143～問145に答えなさい。図10の号は初号です。

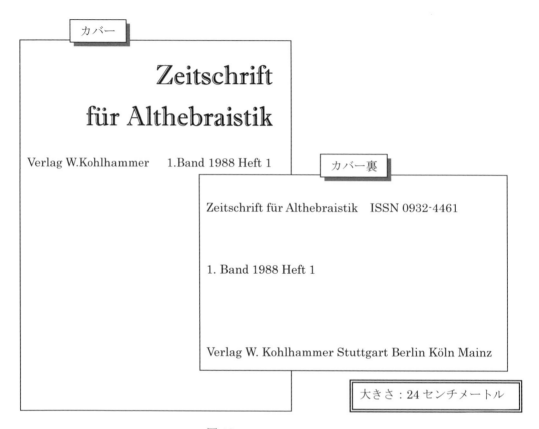

図10

GMD: SMD: YEAR:198- **CNTRY:**gw **TTLL:**ger **TXTL:**engfreger **ORGL:**
REPRO: PSTAT:c **FREQ:**f **REGL:**r **TYPE:**p
ISSN:09324461 **CODEN: NDLPN: LCCN:**88650330 **ULPN: GPON:**
TR: Zeitschrift für Althebraistik
PUB: Stuttgart：W. Kohlhammer
PHYS:v.；22 cm
NOTE: Description based on: Vol. 7, no. 2 (1994)
NOTE: Title from cover

書誌10

問143. VLYR フィールドの記述として最も適切なものを選びなさい。

① **VLYR:**1. Band 1988 Heft 1-

② **VLYR:**Bd. 1, Heft 1 (1988)-

③ **VLYR:**1. Bd., Heft 1 (1988)-

④ **VLYR:**1. Bd., heft 1 (1988)-

⑤ **VLYR:**Bd. 1, Ht. 1 (1988)-

問144. PUB フィールド(出版地)の記述として最も適切なものを選びなさい。

① **PUB:**Stuttgart：W. Kohlhammer , 1988-

② **PUB:**Stuttgart；Berlin；Köln；Mainz：W. Kohlhammer , 1988-

③ **PUB:**Berlin：W. Kohlhammer , 1988-

④ **PUB:**Stuttgart, Berlin, Köln, Mainz：W. Kohlhammer , 1988-

⑤ **PUB:**Stuttgart and other places：W. Kohlhammer , 1988-

問145. PHYS フィールドの記述として最も適切なものを選びなさい。

① **PHYS:**24 cm

② **PHYS:**22-24 cm

③ **PHYS:**22 cm-24 cm

④ **PHYS:**24 cm-22 cm

⑤ **PHYS:**24-22 cm

● 図 10 の雑誌をもとに書誌 10 を修正する場合の方法について、正しいものは①を、正しくないものは②を選びなさい。

問146. LCCN は、初号情報源のどこにも表示されていないので、削除する。

問147. 「**NOTE:**Description based on: Vol. 7, no. 2 (1994)」を削除する。

問148. 「**NOTE:**Title from cover」を削除する。

問149. 初号の内容を確認したところ、本文がドイツ語だけであった。この書誌レコードの記述根拠号（Vol. 7, no. 2 (1994)）では英語、フランス語、ドイツ語であったとしても、初号に基づいて「**TXTL:ger**」に修正する。

問150. 初号の時点では、年 1 回刊であったので、「**FREQ:a**」に修正する。

（終）

あとがき

　この「雑誌編」をもって『IAAL大学図書館業務実務能力認定試験過去問題集』3分冊が完結します。以前に刊行した2012年版，2014年版，2016年版では模擬問題と解説を収め，版を重ねて科目を追加してきました。一方，受験対策で用いるには模擬問題をもっと多くというご要望に応え，今回は科目ごとに分けて，できるだけ多くの問題を，実際に出題されたまま収録しています。第1章の資料②にある「出題枠組み」と問いを照合すると，例えば総合目録初級の問1は「共同分担入力方式」についての問題で，毎回文章を変えて同じ内容を問うていることに気づいていただけるかと思います。したがって，なぜ○（×）なの？と疑問に思ったときには，併せて既刊の2016年版の解説を読んでみてください。雑誌中級では「出題枠組み」に沿って，コーディングマニュアルと目録規則を読み直してみることが，理解につながるのではないかと思います。

　とはいえ，コーディングマニュアルを丸暗記することをお勧めするのではありません。この認定試験名に「業務」「実務」という類似の言葉が重ねて入っているのは，知識が技術として活かされることを意図しているからです。規則類を適切に参照して実務を重ねることで得られる能力を培っていって欲しいという想いで，問題が構成されています。「問い」を実務のシミュレーションだと思って，各問題を解きながら規則類を確認してみてください。

　認定試験では受験者のアンケート（基礎調査）に業務経験を記入していただいていますが，最近は半数以上の方が0～1年と回答されており，業務経験のない方には難易度が高く感じられるのではないかと想像します。国立情報学研究所の目録システム講習会がなくなり，受講した経験がある方の割合も，年々減少してきます。さらに，業務経験の長い先輩から，OJTで教えてもらうことも難しい世の中です。目録技術を磨いていくことが，ひとえに個人の努力によるものだとしたら，その努力はきちんと評価されなければならないと考えます。どうぞ，この認定試験を一つの努力目標として，技術を磨いていってください。図書館業務に従事する中で，雑誌の目録経験は図書の目録ほどありません。貴重なその技術を継承していくためにも，一人でも多くの方が合格されることを願っています。

高野真理子

（NPO法人大学図書館支援機構副理事長）

［監修・執筆者］

小西和信：まえがき
（武蔵野大学教授・NPO法人大学図書館支援機構理事長）

［執筆者］

大庭一郎：第1章
（筑波大学図書館情報メディア系講師）

高野真理子：あとがき
（NPO法人大学図書館支援機構副理事長）

IAAL
大学図書館業務実務能力認定試験 過去問題集
総合目録－雑誌編
（略称：IAAL過去問題集－雑誌編）

2018年8月10日　初版第1刷発行

検印廃止

監 修 者　　小 西 和 信

編　者©　IAAL認定試験問題集
　　　　　編集委員会

発 行 者　　大 塚 栄 一

発 行 所　　株式会社 樹村房
〒112-0002
東京都文京区小石川5丁目11番7号
電 話　東京03-3868-7321
FAX　東京03-6801-5202
http://www.jusonbo.co.jp/
振替口座　00190-3-93169

表紙デザイン／菊地博徳（BERTH Office）
組版・印刷／美研プリンティング株式会社
製本／有限会社愛千製本所

ISBN978-4-88367-301-8
乱丁・落丁本はお取り替えいたします。

◉関連図書◉

小西和信 監修　IAAL認定試験問題集編集委員会 編

IAAL大学図書館業務実務能力認定試験 過去問題集
各B5判／本体2,100円＋税

総合目録―図書編
217頁／ISBN978-4-88367-300-1

総合目録―雑誌編
211頁／ISBN978-4-88367-301-8

情報サービス―文献提供編
177頁／ISBN978-4-88367-302-5

〈好評既刊〉

小西和信 監修　IAAL認定試験問題集編集委員会 編

IAAL大学図書館業務実務能力認定試験問題集
2016年版 ―専門的図書館員をめざす人へ―
B5判／241頁／本体2,300円＋税／ISBN978-4-88367-248-6

宮沢厚雄 著 「キイノート」三部作 各B5判

分類法キイノート 増補第2版
日本十進分類法［新訂10版］対応
104頁／本体1,500円＋税／ISBN978-4-88367-275-2

目録法キイノート
日本目録規則［1987年版改訂3版］対応
104頁／本体1,500円＋税／ISBN978-4-88367-260-8

検索法キイノート
図書館情報検索サービス対応
144頁／本体1,800円＋税／ISBN978-4-88367-290-5

〒112-0002　東京都文京区小石川5-11-7　　**樹村房**　TEL：03-3868-7321　FAX：03-6801-5202
URL：http://www.jusonbo.co.jp/　　　　　　　　　　　　E-mail：webinfo@jusonbo.co.jp

『IAAL大学図書館業務実務能力認定試験過去問題集 総合目録―雑誌編』解答一覧

《雑誌中級》

問題番号	1	2	3	4	5	6	7	8	9	10	11	12	13	14	15	16	17	18	19	20
第1回	2	3	1	3	4	2	1	2	2	1	3	4	4	2	3	2	1	2	1	2

問題番号	21	22	23	24	25	26	27	28	29	30	31	32	33	34	35	36	37	38	39	40
第1回	2	3	1	3	1	1	2	1	1	2	1	2	3	1	3	2	4	3	2	3

問題番号	41	42	43	44	45	46	47	48	49	50	51	52	53	54	55	56	57	58	59	60
第1回	2	3	1	2	2	2	4	2	2	3	3	2	2	1	2	2	3	2	3	5

問題番号	61	62	63	64	65	66	67	68	69	70	71	72	73	74	75	76	77	78	79	80
第1回	5	5	4	1	3	3	5	2	4	2	4	3	1	5	4	1	3	3	2	2

問題番号	81	82	83	84	85	86	87	88	89	90	91	92	93	94	95	96	97	98	99	100
第1回	1	2	1	2	2	2	2	1	2	2	1	2	2	1	3	4	3	2	1	2

問題番号	101	102	103	104	105	106	107	108	109	110	111	112	113	114	115	116	117	118	119	120
第1回	1	2	2	3	1	2	3	1	1	1	2	3	5	1	3	3	3	2	4	5

問題番号	121	122	123	124	125	126	127	128	129	130	131	132	133	134	135	136	137	138	139	140
第1回	3	4	3	2	2	1	3	3	1	4	1	2	1	2	1	2	1	1	3	2

問題番号	141	142	143	144	145	146	147	148	149	150
第1回	3	2	3	1	2	2	1	2	2	2

『IAAL大学図書館業務実務能力認定試験過去問題集 総合目録―雑誌編』解答一覧

《雑誌初級》

問題番号	1	2	3	4	5	6	7	8	9	10	11	12	13	14	15	16	17	18	19	20	21	22	23	24	25
第1回	○	×	○	×	×	○	○	×	×	○	○	○	×	×	○	○	○	×	×	○	×	○	×	×	○
第2回	×	×	○	○	×	○	○	○	×	×	○	○	×	○	○	○	×	×	×	×	○	×	×	×	×
第3回	○	○	×	×	×	×	×	○	×	×	×	×	×	○	○	×	○	×	○	×	×	○	○	×	×
第4回	○	×	×	×	○	○	×	×	×	○	×	×	○	○	○	○	○	×	○	×	×	×	×	×	○
第5回	○	○	○	×	○	○	○	○	×	○	×	×	×	×	×	○	×	○	○	○	○	×	○	×	×

問題番号	26	27	28	29	30	31	32	33	34	35	36	37	38	39	40	41	42	43	44	45	46	47	48	49	50
第1回	×	×	○	○	×	○	○	×	×	○	○	×	×	×	○	×	○	○	×	×	×	×	×	×	○
第2回	×	○	○	○	×	×	○	○	×	×	○	○	○	○	○	○	○	○	×	×	×	×	○	×	×
第3回	×	×	○	×	×	×	×	×	○	×	○	×	×	×	×	○	○	×	×	×	×	×	×	○	○
第4回	×	○	○	○	×	○	○	○	×	○	○	○	×	○	×	○	○	○	○	×	×	○	×	○	×
第5回	○	○	×	×	×	×	×	×	×	○	×	×	×	×	○	×	×	×	×	×	×	○	○	○	×

問題番号	51	52	53	54	55	56	57	58	59	60	61	62	63	64	65	66	67	68	69	70	71	72	73	74	75
第1回	×	○	×	×	×	×	×	×	×	○	×	×	×	×	×	×	×	○	×	×	×	×	×	×	×
第2回	×	×	○	×	○	×	○	×	○	○	○	×	×	○	×	×	○	○	×	×	×	○	×	×	×
第3回	×	×	×	○	×	×	×	×	×	×	○	×	○	○	×	×	×	×	×	×	×	×	×	×	○
第4回	○	×	○	×	×	○	×	×	○	○	○	○	○	×	×	○	×	×	×	×	×	×	×	×	×
第5回	○	○	○	×	○	○	○	○	○	○	×	×	×	×	○	○	×	○	×	×	×	×	×	×	×

問題番号	76	77	78	79	80	81	82	83	84	85	86	87	88	89	90	91	92	93	94	95	96	97	98	99	100
第1回	○	○	○	×	×	×	×	○	×	×	×	×	×	×	×	×	×	×	×	×	×	×	○	×	×
第2回	○	×	○	○	×	○	×	×	×	×	○	○	×	×	×	×	×	○	×	×	×	×	×	○	○
第3回	○	×	×	×	×	○	○	×	×	×	○	×	×	×	×	×	×	×	×	×	×	×	○	○	×
第4回	○	×	×	×	○	×	×	×	×	○	○	×	×	○	×	○	○	×	×	×	×	×	×	○	×
第5回	×	○	○	○	○	○	○	○	×	×	○	○	○	○	○	×	○	○	○	×	○	○	○	×	○